속으면서 속는 줄 모르는
당하면서 당하는 줄 모르는

以詐止詐
作者：劉墉
Copyright ⓒ 2006 by 劉墉
All rights reserved.
Korean Translation Copyright ⓒ 2009 The Korea Economic Daily &
Business Publications.

Korean Edition is published by arrangement with 劉墉
through EntersKorea Co., Ltd, Seoul.

이 책의 한국어판 저작권은 (주)엔터스코리아를 통한 劉墉과의 계약으로
한경BP가 소유합니다. 저작권법에 의하여 한국 내에서 보호를 받는 저작물이므로
무단전재와 무단복제를 금합니다.

상대방의 속임수를 똑똑하게 역이용하는 15가지 기술

속으면서 속는줄 모르는
당하면서 당하는 줄 모르는

유용(劉墉) 지음 · 차미연 옮김

한국경제신문

| 머리말 |

세상이 나를 더 이상 속이지 못하게 하라!

가끔 몸에 잘 맞지도 않는 양복을 입고 다니는 젊은이들을 볼 때가 있다. 그럴 때면 내 생애 첫 번째 양복을 맞추던, 매우 비참한 기억이 떠오른다.

내가 사범대에 입학하던 해에 어머니는 기념으로 양복을 한 벌 맞춰주겠다고 하셨는데, 그 소식을 들은 넷째 이모가 바로 양복지을 옷감을 보내오셨다. 이모는 그 옷감을 길에서 낯선 상인에게 샀다고 하셨다. 홍콩에서 막 돌아왔다던 그 상인은 영국 최고급 품질인 모毛원단을 가지고 왔다고 했다. 이모가 말을 꺼내기도 전에 그 장사꾼은 성냥을 켜서 옷감 한쪽에 불을 붙여 보이며 말했다.

"자, 냄새 한번 맡아보세요. 양모 타는 냄새가 나죠? 이 원단은 100% 순모입니다!"

 질 좋은 원단에 가격도 적당하다고 생각한 이모는 단숨에 그 옷감을 구입해 우리에게 보내주었다. 나는 뛸 듯이 기뻐하며 그 길로 양복점에 달려가 치수를 재고 주문을 마쳤다. 그러나 어머니는 뭔가 불안한 듯 양복점 주인에게 옷감이 정말 좋은 것이냐고 재차 물어보셨다. 주인은 매우 좋은 옷감이니 걱정말라며, 오히려 좋은 옷감이라 더 세심하게 작업해야 하기 때문에 가격은 낮출 수 없다고 말했다.

 일주일 정도 지난 후 가봉한 옷을 입어보러 간 나는 어딘지 모르게 옷이 잘 맞지 않는 것 같아 어색하게 느껴졌다. 그러자 양복점 주인은 내 표정을 살피더니 조금 손보면 되니까 걱정하지 말라고 했다. 나는 별 의심 없이 또 그의 말을 믿었다.

 그러나 완성된 옷 역시 어색하긴 마찬가지였다. 하지만 양복을 처음 맞추는 것이라 그렇겠거니 생각하고 돌아왔다. 그런데 양복을 처음으로 입고 외출한 날, 친구들은 내 모습을 보더니 배꼽을 잡고 웃었다.

 "왜 할아버지 양복을 입고 왔냐?"

 새 양복이 너무나 후줄근했던 것이다. 그 길로 나는 양복점을 찾아가 다시 고쳐줄 수 없겠냐고 물었다. 그러자 이전의 친절한

얼굴은 다 어디 갔는지 주인은 나를 흘겨보며 말했다.

"아니, 사람이 정도껏 해야지! 이렇게 후줄근한 옷감을 가지고 이 정도 만든 것만도 어딘데 그래!"

"옷감이 좋다고 하셨잖아요?"

그러자 그는 피식 웃으며 대꾸했다.

"종이보다야 백번 낫죠. 이봐요, 손님. 댁은 옷을 맞추러 왔고 나는 옷을 만드는 사람 아닙니까? 나야 옷을 만들어주고 돈만 받으면 그만이죠. 여기 이렇게 좋은 옷감이 널렸는데 대체 어디서 그런 옷감을 산 건지 원…."

"아니, 그럼 제가 종이를 가져와도 옷을 맞춰준다는 말인가요?"

나는 버럭 소리를 질렀지만 그는 눈 하나 깜짝하지 않았다.

"그럼요! 자르고, 꿰맬 수 있는 거라면 뭐든 하지요. 가봉비만 낸다면."

그제야 모든 게 이해되었다. 넷째 이모는 장사꾼에게 속았고, 양복점 주인은 처음부터 이미 옷감이 엉망이라는 것을 알고 있었던 것이다. 그러나 옷감이 좋지 않다고 사실대로 말하면 내가 옷을 맞추지 않을 것이고, 그럼 자신은 돈을 벌 수 없기에 일부러 감추었던 것이다. 결국 이모님도 속고, 나도 속았다.

돌이켜보면 사실 이런 경우는 비일비재했다. 단지 내가 속고 있다는 사실을 몰랐을 뿐….

내가 아홉 살 때였다. 아버지가 병원에 입원하신 초기에 내가 병원을 찾을 때마다 의사와 간호사들이 아버지 옆에서 웃고 떠드는 모습을 본 기억이 난다. 마치 아버지에게 별다른 이상이 없어서 며칠 지나면 곧 퇴원해도 될 것 같은 분위기였다.

하지만 병은 하루가 다르게 악화되었다. 그놈의 조직검사와 화학검사는 왜 그렇게 많이 하는지, 그렇게 시간을 보내다 결국 암세포가 온몸에 퍼지고 나서야 그 당시 가장 유명한 병원으로 아버지를 옮겼다. 그러나 결국 아버지는 돌아가시고 말았다.

아버지가 돌아가신 후, 어머니는 슬픔을 못 이기면서도 한편으로는 분노를 삭이지 못하셨다.

"이게 다 그 망할 놈의 병원 때문이야!"

당시에는 어머니가 왜 그토록 분노하시는지 이해하지 못했다. 그러다 시간이 흐른 어느 날, 어머니가 내게 물으셨다.

"너 그때 그 병원이 네 아버지 병을 감당할 자신이 없으면서도 왜 끝까지 아버지를 붙들고 있었는지 아니?"

나는 고개를 저었다.

"네 아버지가 1인실에 입원해 있었잖니. 하루를 붙잡고 있으면 병원은 하루만큼의 병실 입원료를 버는 거잖아. 불쌍한 양반, 목숨을 잃은 것도 억울한데 병원에 속아서 돈까지 떼였으니…."

이런 일들은 특정한 지역에서만 벌어지는 것이 아니었다. 미국에 간 지 얼마 안 되었을 때도 이런 일을 겪었다. 텔레비전이 고장 나서 수리공을 불렀는데, 텔레비전을 분해해 이리저리 살펴보더니 부품 하나를 끄집어내며 고장 났으니 새것으로 바꿔야 한다고 말했다. 가격을 묻자 그는 회사로 전화해서 물어보겠다고 했고, 그렇게 알아본 부품 가격에 나는 화들짝 놀랐다.

"부담스러우시면 안 바꿔도 됩니다. 아예 새 텔레비전을 하나 사는 게 나을 수도 있어요. 잘 생각하셔서 결정하세요. 아, 그리고 오늘 부품을 바꾸지 않으시면 출장비는 주셔야 합니다."

내 머릿속은 계산으로 복잡했다. 새 텔레비전을 사려면 적어도 300달러는 줘야 하는데, 거기다 수리공 출장비까지 하면 거의 400달러 정도였다. 그래서 나는 부품을 바꾸면 얼마나 더 쓸 수 있는지 물었고, 그 수리공이 한동안은 별문제 없을 거라고 해서 부품을 교체했다.

4년 뒤 나는 다른 집으로 이사했다. 이번에는 또 다른 텔레비전이 고장 나 서비스센터에 전화를 했더니 4년 전 그 사람이 또 왔고 고장 난 부품 역시 4년 전 그것이었다. 그는 이번에도 부품 가격을 알아보기 위해 회사에 전화를 했고, 비싸긴 마찬가지였다. 나는 이번에는 부품을 바꾸지 않았다. 그리고 며칠 뒤 기계공학을 전공한 친구가 놀러왔다가 고장 난 텔레비전을 보더니 얼마 하지도 않는 작은 부품을 사와서 뚝딱하고 고쳐놓았다.

친구는 내가 속을 뻔했다며 씩 웃었다. 그 친구 역시 텔레비전이 고장 났는데 직접 고치기가 귀찮아 서비스센터에 전화해 사람을 불렀다고 한다. 그런데 집으로 찾아온 수리공 둘 역시 중요한 부품이 고장 나 교체해야 한다며 회사에 전화를 해보더란다.

"그때 좀 이상하다는 감이 오더라고! 그 사람들이 집 전화를 좀 쓴다기에 내가 몰래 숨어서 엿들었거든."

친구는 재미있다는 듯 말했다.

"그 사람들이 뭐라 그랬는 줄 알아?"

내가 전혀 모르겠다는 표정을 짓자 친구가 웃었다.

"수리공은 이쪽에서 부품을 들고 폼을 잡으며 부품번호를 불러주는데, 전화 받는 사람은 수화기에 대고 욕설이나 하며 말장

난을 하고 있더라구. 그리고 전화를 끊더니 태연하게 부품 가격이 200달러라고 거짓말을 하지 뭐야."

나는 전화를 엿들은 건 위법이니 그렇게 얻은 증거도 정당하지 못한 거 아니냐고 농담을 건넸다. 그러자 친구는 크게 웃으며 이렇게 말했다.

"내가 안 그랬더라면 그 사람들이 거짓말하고 날 속이려는 걸 잡아낼 수 있었겠어? 결국 나뿐 아니라 다른 사람들도 똑같이 속게 될 거 아냐."

한 살씩 나이를 먹어갈수록 이 세상이 거짓으로 넘쳐난다는 슬픈 현실을 실감한다. 단지 대부분의 사람들이 내막을 모르고 있을 뿐이다. 한 사람이 사기를 당하면 연이어서 더 많은 사람들이 똑같은 사기를 당한다. 어수룩한 사람은 악인들을 기세등등하게 만들 뿐만 아니라, 그들의 '작업'에까지 일조하게 된다. 누군가가 도박판에서 사기꾼을 만나면, 자신도 모르는 사이 그 사기꾼을 도와 주변의 다른 사람들까지도 끌어들이게 된다. 증권시장에서 헛소문을 듣고 주변 사람들에게 그 소식을 전한다면 나머지 사람들도 고스란히 헛소문에 넘어가게 된다. 내가 가짜 골동품을 사서 그것을 대대손손 보존할 가보로 여기면 나의 후손들도 사기를 당하는 거나 마찬가지다.

안타까운 점은 평범한 사람들일수록 잘 속는다는 것이다. 더욱 답답한 일은, 그들은 자신이 속았다는 사실도 모른 채 사기꾼을 인생의 구세주처럼 여기기까지 한다는 것이다.

'내가 안 그랬다면 그들이 날 속이는 것을 어떻게 알 수 있었겠어?'

그렇다! 오래전 친구가 했던 이 말이 바로 이 책을 쓴 목적이다. 보통 사람들은 남에게 속으면서 속는 줄 모르고, 당하면서 당하는 줄 모른다. 이런 평범하고 선량한 사람들이 더 이상은 속고 당하면서 인생을 허비하지 않았으면 하는 바램으로 이 책을 집필했다. 어찌보면 수많은 '기술'들이 정리된 이 책이 요행을 바라는 사람들에게는 참고서가 될 수도 있을 것이다. 하지만 긍정적으로 생각해 보면 이 책을 꼭 필요한 예방주사다! 이 책을 읽고 상대방의 속임수에 대해 경각심을 높인다면 예방주사를 맞아 병을 예방하는 것처럼 속임수에 속아 넘어가는 일을 미리 막을 수 있을 테니 말이다.

| 차례 |

머리말 _ 세상이 나를 더 이상 속이지 못하게 하라! _ 5

1장
사회의 보이지 않는 규칙을 배우라

규칙   애송이는 학교에서 배운 규칙을 따르고,
            프로는 사회의 보이지 않는 규칙을 따른다 _ 18

조직   조직에서 살아남고 싶다면 조직의 불편한 진실을
            간파하라 _ 38

희생양   처벌을 받을 때는 확실하게 몸을 낮추고 죄인 역할에
            충실하라 _ 57

배반   세상이 변하고 상황이 달라지면 배신자는 설 자리를
            잃는다 _ 70

2장
속임수가 있는 미끼를 물지 말라

사기　탐욕과 자만은 간교한 자들의 먹잇감이다 _ 84

상술　심리를 이용한 교묘한 상술에 현혹되지 말라 _ 101

포장　겉모습만 보는 사람은 진실을 보지 못한다 _ 116

3장
치명적인 덫, 약점을 잡히지 말라

작업　수술은 마취를 시킨 뒤에 시작하고,
　　　　'작업'은 도취를 시킨 뒤에 시작한다 _ 136

함정　약점이 많고 뒤가 구리면 이용당하기 쉽다 _ 152

유인　일이 커질 때까지 상대의 계략을 모른 척한다 _ 164

위장　쥐의 탈을 쓰고 고양이를 노리는 간교한 자들은 계략이
　　　　들켰을 때 실수였다고 말한다 _ 178

4장
뒤통수 맞지 말고, 때로는 간교해져라

오해	무심코 내뱉은 말, 대수롭지 않게 여긴 행동이 비수로 돌아온다 _ 196
소문	신중하지 못한 행동이 돌이킬 수 없는 소문을 만든다 _ 212
정보	상대에 대해서는 철저히 조사하고 당신의 정보는 철저히 감춰라 _ 223
기회	배경과 능력이 부족하더라도 기회가 오면 일단 잡아라 _ 236

맺음말 _ 어지러운 세상 속에서 나를 지키는 방법 _ 256

1

사회의 보이지 않는 규칙을 배우라

규칙

조직

희생양

배반

규칙,

**애송이는 학교에서 배운 규칙을 따르고,
프로는 사회의 보이지 않는 규칙을 따른다**

호탕하게 내린 결정이
발목을 잡다
마오원은 로또 복권의 여섯 자리 숫자를 다 맞춘 사람처럼 들떴다. 타이완 굴지의 기업인 완롱그룹의 본사 빌딩 3층 설계를 모두 그가 도맡게 된 것이다. 마오원으로서는 고국으로 돌아와 처음 맡는 대규모 프로젝트였다. 한몫 단단히 챙길 수 있는 기회임은 물론이었고, 이제 막 간판을 단 그의 회사가 유명세를 탈 수 있는 절호의 기회였다.

이번 일은 고등학교 때 단짝 친구였던 진권의 역할이 컸다. 완롱그룹의 직원인 진권은 처음부터 끝까지 마오원에게 커다란 도움을 주었다. 그는 적정 예산까지 귀띔해주었다. 원래 마오원이 뽑은 견적가는 1억 2,000만 원(뉴타이완 달러로 약 400만 달러 정도. 이후 한화로 표기함—옮긴이)이었다. 견적서를 본 진권은 금액이 너무 낮으면 회사 사람들이 무시할지도 모른다며 1억 5,000만 원을 부르라고 했다. 마오원은 친구의 말을 따라 견적 금액을 높게 고쳤다.

그리고 며칠이 지났다. 기대 반 걱정 반으로 연락을 기다리던 마오원은 진권의 전화를 받고 환호성을 질렀다. 1억 5,000만 원에 OK 사인이 내려졌다는 것이다.

이제 계약서에 도장만 찍으면 된다. 마오원은 거울을 보며 심호흡을 했다. 오늘은 완롱그룹 회장을 직접 대면하는 날이었다.

"다 나한테 맡기라고! 알았지?"

친구 진권이 자신감 넘치는 어투로 말했다. 그건 밑도 끝도 없는 허풍이나 빈말이 아니었다. 아직 직위는 높지 않았으나 진권은 그런 말을 할 자격이 충분했다. 왜냐하면 완롱그룹 회장이 바로 그의 장인이기 때문이었다. 진권에 대한 회장의 신임은 두터웠다. 사위를 믿지 않는다면 이렇게 큰 공사를 그에게 전담시키지는 않았을 것이다.

일전에 회장은 자신은 이제 늙어 시대를 따라갈 수 없으니 젊은 사람들이 새로운 아이디어를 짜내고 주도적으로 일해야 한다고 말했다고 한다. 그래서인지 진권이 이제 막 미국에서 귀국한 친구 마오원을 추천하자 회장의 표정이 밝아졌다고 한다. 여기에 진권의 부인까지 나서서 아버지에게 입에 침이 마르도록 마오원을 칭찬했다는 후문도 있었다.

일을 확정짓기 위해 진권은 전세계 유명회사의 설계도와 마오원의 예전 작품들, 심지어 인턴으로 일할 때의 설계도까지 모두 뉴욕에서 특급우편으로 공수해 왔다. 회장은 실무자들을 불러 그 자료들을 검토해 보라고 했고, 실무자들은 좋은 평가를 내렸다.

정식 면담은 오늘이지만 거래는 이미 확정된 셈이었다.

"정말 경쟁회사가 없단 말이야?"

마오원은 아직도 믿을 수 없다는 듯 놀란 표정으로 진권에게 물었다.

"솔직히 1억 2,000만 원도 꽤 높게 부른 가격이야. 나는 이제 겨우 회사 간판을 단 지도 얼마 안 되는 애송이잖아. 동종업계 수준과 비교하기에는 무리가 있지."

"하하. 너무 자신을 낮추지 말라고."

진권은 힘을 실어 마오원의 어깨를 툭 쳤다.

"너는 네 자신이 세계 제일의 설계회사에서 배출한 인재라는 사실만 기억해. 네가 부른 가격은 타이완의 수준이 아니야. 뉴욕 수준이라고. 그렇게 따지면 이것도 싼 편이지. 하여튼 돈 벌 수 있을 때 바짝 벌어. 학교 동창의 성의를 무시하지 말라고. 하하."

회장실에 들어서자 대머리를 시원하게 드러낸 진권의 장인어른이 보였다. 머리에는 숱이 없었지만 짙고 긴 눈썹에 콧수염도 멋지게 자라나 있었다. 큰일을 하는 사람답게 목소리에서부터 호방한 기질이 묻어났다. 회장은 진권을 가리키며 말했다.

"일은 이 사람이 거의 다 했지. 자네를 굉장히 유능한 인재라고 소개하더군. 서양 사람들보다 한 수 위라면서 말이지. 그래서 이제 막 귀국한 자네의 감각을 믿어보기로 했네."

회장은 유학시절의 경험에 대해서 몇 가지 질문을 던졌다. 마오원이 입을 열자 회장은 고개를 끄덕이며 경청했다. 중간 중간 회장은 콧수염과 눈썹을 찡끗거렸다. 이야기가 끝나자 회장은 안타까운 표정을 지으며 한숨을 내쉬었다.

"자네도 어려서 아버지를 여의었군. 힘든 일이 얼마나 많았겠는가. 사실 내 아버지도 일찍 돌아가셨지. 그러고 보면 우린 공통점이 많구먼. 자네는 고학으로 일어선 사람이고 나는 맨손으로 여기까지 올라왔으니. 자네 정말 대단하네!"

마오원은 자신과 공통점이 있다는 회장의 말에 용기를 얻었다. 마오원은 이번 기회에 회장의 눈도장을 확실히 받고 싶었다. 이런 거물과 알고 지내면 앞으로의 사업에 여러모로 도움이 될 것이 분명했다.

회장은 공사를 담당하는 실무자들을 회장실로 불렀다. 그리고 그들을 일일이 마오원에게 소개했다. 실무자들 중에 키가 좀 작은 사람은 견적서를 들고 있는 것으로 보아 재무 담당자 같았다. 그는 말없이 마오원의 눈치를 이리저리 살폈다. 아무래도 뭔가 할 말이 있는 것 같아 마오원이 먼저 입을 열었다.

"혹시 제 설명이 필요한 부분이 있으신지?"

"어휴, 아닙니다, 아닙니다."

그 사람은 굉장히 황송하다는 듯 말했다.

"회장님이 결정하신 일인데 저희는 당연히 전심전력으로 협조해야죠."

그 말에 회장은 한바탕 큰 소리로 웃었다.

"이 친구는 재무부의 왕 부장이네. 이 친구가 견적서를 보더니 자네가 제시한 가격이 동종업계 평균치보다 좀 높은 것 같다고 그러더라고."

마오원은 잠시 생각에 잠겼다. 진권은 자신을 전폭적으로 도와주었고 회장도 호의를 베풀었다. 이제 자신도 그것에 답할 차례라는 생각이 들었다. 마오원은 의미심장하게 고개를 끄덕였다.

"비싸긴 좀 비싸죠. 저도 잘 알고 있습니다. 그럼 이렇게 하시지요!"

마오원은 진권에게 살짝 윙크를 하고 회장에게 고개를 돌렸다.

"회장님은 제 친한 동창의 장인어른이시고, 완롱은 그야말로 유수의 기업 아닙니까. 이 회사의 설계를 한다는 것 자체가 저에게는 큰 영광입니다. 게다가 이렇게 저를 믿어주시니 회장님이 말씀하지 않으셔도 제가 10% 정도 가격을 낮춰드리겠습니다."

회장은 짙은 눈썹을 바짝 올리며 놀란 듯 입을 크게 벌렸다.

"오, 이게 웬일인가."

진권을 바라보며 회장은 엄지손가락을 치켜세웠다.

"자네 친구 정말 대범하구만. 더 말할 것 없이 빨리 계약체결 진행시키지!"

계약 성사를 눈앞에 둔 마오원은 가벼운 발걸음으로 완롱빌딩을 나섰다. 그런데 왜인지 옆에 있는 진권에게 뭔가 불편한 심기가 엿보였다.

"자네 그렇게 한번에 가격을 낮춰버리면 남는 게 있겠어?"

그러자 이번에는 마오원이 자신만만한 표정을 지으며 진권의 어깨를 치며 말했다.

"돈이 중요한 게 아니지! 그보다는 신용을 쌓는 게 더 중요하잖아. 자네 장인어른 말이야. 살면서 그렇게 호탕하신 분은 처음 보네. 이 공사 손해를 보는 한이 있더라도 내가 꼭 잘해내고야 말겠어!"

숨겨진 진실 엿보기

정말 순조로운 계약체결 과정이었다. 진권은 동창을 물심양면으로 지원해줬고 마오원은 알아서 가격을 낮춰주는 배려를 보여줬다. 호탕한 회장님은 한마디로 계약을 마무리지었다. 이제 마오원은 완룽빌딩의 공사를 시작할 것이다.
당신도 이렇게 생각하고 있는가?
이 이야기는 실제 있었던 일을 조금 각색한 일화인데 결과는 정 반대로 나타났다. 마오원은 끝내 이 공사의 계약을 체결하지 못했다. 다른 사람도 아닌 진권이 회장에게 설계 회사를 옮겨야 한다고 건의한 것이다. 마오원 측에 뭔가 꺼림칙한 것이 있다고 덧붙이면서 말이다. 이를 알게 된 마오원은 친구를 원망하며 분통을 터트렸다.
하지만 시간이 지나, 더 자세한 내막을 알게 되자 마오원은 할 말을 잃었다.

☕ 세상물정을 모르면 호의를 베풀어도 욕을 먹는다

전폭적으로 마오원을 밀어주었던 진권은 왜 계약서에 사인만 하면 되는 시점에서 갑자기 마음이 돌변했을까? 어쩌면 당신은 마오원에게 무슨 잘못이 있냐고 따져 물을지 모른다. 한술 더 떠 마오원은 융통성 있는 좋은 사람이고, 진권은 의리도 모르는 배신자라고 생각할지도 모른다. 하지만 이 사태의 모든 책임은 마오원에게 있다. 그는 유학을 다녀온 인텔리였는지는 몰라도 결국은 '세상물정 모르는 애송이'에 불과했다.

간단한 일례로 이 사태의 핵심에 접근해 보자.

한 부부가 과일을 파는 노점상에 들렀다. 스스로를 사내대장부라고 생각하는 남편은 가격 흥정에 소질도 없고 익숙하지도 않다. 그래서 평소대로 가격을 묻고는 그대로 돈을 지불하려 했다. 그때 아내가 옆에서 한 소리 한다.

"좀 깎아주세요."

그러자 과일상은 주저없이 이렇게 대답한다.

"원래는 1만 3,000원인데 2,000원 빼드릴게요."

내색은 안 해도 아마 남편은 기분이 매우 좋았을 것이다.

'다행히 아내가 말을 꺼냈으니 망정이지 안 그랬으면 완전히 바가지 쓸 뻔했네.'

그런데 막상 지갑에서 돈을 꺼내는데 왠지 찜찜한 기분이 든다.

'가만, 깎아달라는 말 한마디에 이렇게 가격이 낮아지다니. 이 사람 말을 믿을 수가 없잖아. 혹시 안 산다고 등 돌리면 9,000원까지도 내려가는 거 아니야? 뭐야, 이 사람이 지금 나 가지고 장난치는 건가.'

당신은 물건을 살 때 너무 쉽게 가격을 깎아줘서 되려 꺼림칙했던 적은 없는가? 아니면, 반대로 상대방의 사정을 생각해서 가격을 낮춰줬는데 감사의 말은커녕 오히려 의심의 눈초리를 받은 적은 없는가?

다른 사람은 어떻게 생각할까?

완룽그룹 회장과 재무부의 왕 부장은 이 사태를 어떻게 생각할지 살펴보기로 하자.

"우리는 마오원이 뉴욕에 있는 유명한 회사에서 배출한 인재라고 해서 그 사람 설계의 수준을 믿었었지. 에누리는 생각도 안 했었어. 그런데 말 한마디에 가격이 확 내려가다니, 완전히 바가지 뒤집어쓸 뻔했잖아."

결정적인 실수는 마오원이 가격을 낮추기 전 진권과는 일말의 상의도 없었다는 점이다. 진권은 마오원의 견적가로 1억 5,000만 원을 제시했고 회장은 사위가 하는 일이니 두말 않고 그것을 받아들였다. 그런데 회사 실무진이 한마디 넌지시 떠본다고 해서, 그것도 말이 아닌 표정으로 나타냈을 뿐인데 갑자기 10%나 깎아준 것이다. 산전수전 다 겪은 완룽그룹 회장이 마오원의 배포에 마냥 감탄만 했을 리 없다. 그는 1,500만 원을 절약했다는 생각보다는 오히려 자신이 나서지 않았다면 1,500만 원을 손해 볼 뻔한 것을 생각할 게 분명하다. 당신이 회장이라면 사위에게 일처리를 똑바로 하라고 주의를 주지 않겠는가?

규칙을 깨뜨리지 말라

당신이 친구들과 함께 유학길에 올라 같은 학교의 연구소에서, 같은 지도교수 밑에서 공부를 한다고 가정해 보자. 친구들끼리 다 같이 지도교수님을 찾아뵙자고 약속을 했다. 그런데 당신은 친구들에게 말 한마디 없이 미리 교수님을 찾아가 조그만 선물을 드리고 왔다. 당신의 행동이 옳은가? 당신은 스승에 대한 예의는 지켰는지 몰라도 친구들에 대한 예의를 지키지는 못했다. 당신은 친구들과 상의하여 돈을 모아 함께 선물을 준비할 수도 있었다. 아니면 정말로 아무도 모르게 기회를 잡아 교수님께 선물을 드릴 수도 있었다.

식당이나 미용실에 가서도 이와 마찬가지다. 팁을 주는 것이 자신만의 일이라는 생각은 옳지 못하다. 반드시 주변 사람들이 느끼는 감정까지 고려해야 한다.

🍵 체면을 세워주느냐 마느냐에 따라 결과가 달라진다

마오원은 진권을 완전히 바보로 만들었다. 이 일로 진권은 일처리를 제대로 못하는 아마추어로 비쳐졌고, 회사에 큰 손해를 끼칠 뻔한 죄명을 썼다. 한동안 고개를 들고 다니기가 쉽지 않을 것이다. 만약 마오원이 '사람 노릇'을 할 줄 아는 사람이었다면, 가격을 낮춰주고자 할 때 진권을 통해 이야기가 자연스럽게 나오게 했어야 했다. 진권과 상의한 끝에 10% 정도 가격을 낮추기로 합의했다고 하면서 말이다. 그럼 친구의 체면도 서고 계약도 수월하게 진행되었을 것이다. 하지만 마오원은 자기 입장만 생각하고 함부로 나서다가 친구의 체면을 구겨버렸다.

게다가 이번 프로젝트의 실질적인 주역은 진권이었다. 밥상은 자기가 다 차렸는데 정작 생색은 밥을 얻어먹는 사람이 낸다면 기분이 좋을 리 없다. 마오원은 어떤 식으로든 진권을 가장 먼저 챙겼어야 했다. '체면 이상의 것'까지 염두해 두면서 말이다.

이제 한층 더 깊은 곳에 숨어 있는 의미를 찾아보자.

성문법만큼 무서운 법, 관례

줄곧 빛을 보지 못하던 무명 작가가 있었다. 그런데 한 드라마 제작사가 이 작가의 소설을 보고 드라마로 각색하고자 했다. 제작사 직원은 작가에게 판권료로 얼마를 주면 되겠느냐고 물었다.

작가는 속으로 생각했다. '드라마가 방송되면 나는 이제 유명 작가가 되고 내가 예전에 썼던 소설들도 잇달아 많이 팔리겠지? 진용金庸같은 대작가도 1만 원에 판권을 양도하는데 내가 너무 쩨쩨하게 굴면 안 되겠지?'

생각 끝에 작가는 선배 작가의 통 큰 행동을 따라했다.

"1만 원에 하죠. 그냥 제작에 성의만 보여주시면 됩니다."

그런데 제작사 직원은 정색을 하며 말했다.

"돈을 안 받으시는 건 말도 안 됩니다. 드라마 매 회당 적어도 60만 원 정도는 받으셔야죠. 총 30부작이니까 1,800만 원 정도 되겠군요. 먼저 1,800만 원부터 받으시고 자세한 얘기는 그다음에 하기로 합시다."

그러고는 투자자 측 사장이 작가에게 식사를 대접하고 싶어 한다며 약속을 잡았다. 약속 장소에 나가기 전 제작사 직원은 작가에게 당부의 말을 건넸다.

"사장님을 만나거든 무조건 매 회당 60만 원은 받아야 한다고 말씀하십시오. 절대로 돈 같은 건 필요 없다고 말씀하시면 안 됩니다."

작가는 어리둥절했다. 돈을 받지 않겠다는데 왜 자꾸 돈을 받으라고 하는 것일까. 작가가 갈피를 못 잡고 갸웃거리자 제작사 직원은 속에 감춰두었던 말을 꺼냈다. 그걸 꼭 내 입으로 말해야겠냐는 투로.

"이보세요! 이 바닥 상도도 모르십니까? 당신이 돈을 받고 안 받고는 저희가 상관할 일이 아닙니다. 하지만 우리 입장도 생각을 하셔야지요. 저희들은 월급만 받아서는 입에 풀칠하기도 힘든 사람들입니다. 돈을 많이 받으셔서 저희에게도 좀 떼어주셔야 할 것 아닙니까."

그날 작가는 소설 속의 세상보다 현실이 훨씬 복잡하다는 사실을 실감했다.

친척이라도 먹을 건 먹어야지

완롱빌딩 공사 계약이 수포로 돌아간 이유는 회장의 의심과 체면이 구겨진 진권의 변심 때문일 수도 있다. 하지만 그보다는 이제 막 귀국한 마오원이 그 바닥의 생리를 제대로 이해하지 못했기 때문일 가능성이 훨씬 더 크다. 비록 진쥔은 말은 안 했지만 다음과 같은 암묵적인 메시지를 마오원에게 보냈을 것이다.

'물론 나에게 얼마간의 보답은 하겠지?'

설마 친구끼리 그랬을까, 하고 생각하는가? 그렇다면 내가 경험했던 일화를 하나 소개한다.

친구에게 저녁식사 초대를 받아 그 집에 갔더니 친구 부인은 가족들을 방문하러 잠시 귀국한 조카를 소개해주었다. 조카는 내가 그린 그림을 무척 소장하고 싶어 했다. 이미 친구 부인이 나에게 그림의 가격을 물어 조카에게 전해준 상태였다. 나는 그 자리에서 조카와 많은 이야기를 나누었다. 보면 볼수록 괜찮은 청년이었다. 나는 미소를 지으며 친구 내외를 쳐다본 후 조카에게 말했다.

"이렇게 하지. 자네에게는 내가 화랑에서 바로 파는 셈 치고 특별히 20% 할인해 주겠네. 자네를 보니까 내 젊은 시절이 생각나는군."

조카는 물론이고, 친구 내외도 연신 감사의 말을 건넸다.

그날 저녁, 집에 돌아와 잘 준비를 하는데 친구 부인에게서 전화가 왔다. 또 감사의 인사말을 하려나보다 생각하니 쑥스럽기까지 했다.

그런데 수화기 너머의 목소리는 냉랭했다.

"제 조카에게 20%나 할인해주시면 저에게는 도대체 뭐가 남는 건가요?"

나는 순간 멍해져 더듬거렸다.

"아, 아니. 그 사람은… 당신 조카잖아요."

"아무리 조카라도 챙길 건 챙겨야죠!"

이익은 골고루 나눠 가져라

한 학자가 대규모 공사를 평가해 달라는 유명 기업의 부탁을 받고 미국에서 타이완으로 특별히 귀국했다. 치밀하게 작성한 그의 평가서는 완벽에 가까웠다. 평가서에 만족한 기업은 학자에게 공사의 일정과 계획안을 만들어 달라고 부탁했다.

그런데 그 학자는 한 가지 조건을 제시했다. 공사에 쓰이는 재료들은 한 회사의 제품으로 체계적으로 다뤄줘야 하며 시공도 한 회사에게 전담시켜야 한다는 것이었다. 전에 진행했던 대규모 공사가 각기 다른 회사의 재료를 마구 섞어 사용함은 물론 시

공회사도 제각각이어서 일의 진행이 매끄럽지도 못했고 체계도 부실했던 것을 목격했기 때문이었다.

그 학자의 제안은 한마디도 틀리지 않았다. 정말 논리적이고 효율적인 방안이었다. 그런데 문제는, 그 학자의 계획안이 차일피일 미루어지다가 결국 휴지조각이 되어버렸다는 사실이다.

학자는 매우 낙담했다. 왜 자신의 계획안이 무산됐는지 도저히 이해할 수가 없었다. 학자는 답답한 마음에 건설업계에 종사하는 친구를 찾아갔다. 사정을 들은 친구는 이렇게 말했다.

"다 자네가 한 회사의 재료만 사용하고 시공도 한 회사에 맡기라고 했기 때문이야. 일을 여러 회사에 분산시켰다면 아마 그 계획안 벌써 통과됐을 걸."

"그게 무슨 소리야?"

"자네 고속도로를 지날 때 뭔가 이상하다고 생각해 본 적 없나? 왜 각 구간마다 방음벽이 통일되지 않았을까? 왜 도로 표면의 색조차 다를까? 이봐, 미국에는 미국 룰이 있고, 타이완에는 타이완의 룰이 있다고."

주변 사람들의 생각을 읽고 가능성을 열어 두어라

나는 사람들에게 간교함을 가르치고자 이 글을 쓰는 것이 절대 아니다. 단지 온갖 교활함이 가득 찬 이 사회에서는 업계의 불문율과 윤리를 알아야 당하지 않는다는 말을 하고 싶을 뿐이다. 아무리 '다 된 밥'이라고 해도 만약 당신이 주변 사람들의 생각을 읽지 못한다면 결국 주류에서 밀려나게 된다. 마오원처럼 자신이 왜 그렇게 되었는지조차 몰라서는 안 된다.

아직도 사회에서는, 특히 건설과 관련된 분야에서는 리베이트가 관례로 남아 있다. 만약 마오원이 넌지시 1,500만 원을 진권의 손에 쥐어주었다면 어땠을까?

"이번 일 많이 도와줘서 정말 고마워. 나 때문에 여기저기 많이도 알아보고 또 백방으로 보살펴주고, 일일이 셀 수도 없지 뭐. 그런데 1억 5,000만 원이나 받고 보니 마음이 영 부담스러워. 이 1,500만 원으로는 부족하다는 거 알지만 내 성의니까 받아줘."

진권은 그 돈을 받은 후 리베이트 명목으로 받은 거라며 전부 회사에 내놓았을지도 모른다. 이것이 바로 실세의 체면을 살려주는 길이다. 회장 역시 자신의 사위를 다시 볼 것이다.

물론, 진권이 그 돈을 혼자 '꿀꺽' 할 수도 있다. 그걸 바라고 전심전력 마오원을 밀어준 것일 수도 있다. 그의 아내까지 나서서 도와줬다면 그 가능성은 더욱 높아진다.

또 다른 가능성도 배제할 수 없다. 마오원에게 1,500만 원을 받은 진권은 그 돈을 회장실의 비밀금고에 넣었을지도 모른다. 회장은 경영은 마음대로 할 수 있을지 몰라도 공금을 마음대로 주머니에 넣을 수가 없다. 높은 사람이라고 해서 욕심이 없는 것이 아니다. 많은 고위관리들이 회사를 위해 자신이 손해 보는 장사를 한다고는 하지만, 알고 보면 회사의 밑동을 교묘하게 파먹고 있는 경우가 많다.

진권이 리베이트를 받든 안 받든, 회장이 뒤에서 진권을 조종했든 안 했든, 마오원은 그 모든 가능성을 열어 두어야 했다.

세상에는 두 가지 법이 있다.
하나는 헌법이나 민법처럼 글로 볼 수 있는 법이고,
다른 하나는 암묵적으로 지켜지는 보이지 않는 법이다.
성공하고 싶다면 보이지 않는 법을 성문법만큼 무서워해야 한다.

# 조직,

조직에서 살아남고 싶다면
조직의 불편한 진실을 간파하라

'공공의 적'이 된
신입사원
오늘은 장우걸에게 아주 역사적인 날이다. 장우걸은 큰 가방을 하나씩 차에 옮겨 실은 후 운전석에 앉았다. 그런 다음 많은 사람들의 격려와 박수를 받으며 첫 출발을 했다. 장우걸이 여행을 떠나는 것은 아니다. 그는 편지를 배달하러 간다.

장우걸은 대견한 듯 가슴에 새겨진 우체국 로고를 만져보았다. 이곳에 지원했던 수많은 경쟁자들을 물리치고 오직 자신만

이 우체국 신입직원 채용에서 살아남은 것이다.

우체국! 그야말로 철밥통이다. 보수가 많은 것은 아니지만 식구들 보험문제가 자동으로 해결되고, 매년 일정한 휴가가 주어지고, 높은 야근수당까지 지급된다. 게다가 고객들과 친해지다 보면 성탄절 같은 때 부가적으로 들어오는 수입도 만만치가 않다.

이 때문에 우체국에서 직원을 뽑는다 하면 사람들이 구름떼처럼 몰려든다. 우체국도 이런 사정을 잘 아는지 합숙훈련 기간에 사람을 걸러내느라 별의별 방법을 다 썼다. 편지를 분류하는 속도가 느린 사람은 바로 탈락! 영어가 일정 수준 이상 안 되는 사람도 바로 탈락! 체력이 받쳐주지 못하는 사람도 바로 탈락이다.

국장은 아침부터 집채만한 편지 묶음들을 가리키며 인턴들에게 말했다.

"10시가 되기 전에 지역에 따라서 분류하고 차에 다 실어!"

마치 철인 3종 경기를 하거나 군대 신병훈련을 받는 것 같았다. 우체국에서는 인턴들을 아예 '신병新兵'으로 불렀다. 불쌍한 인턴들은 열심히 일을 하면서도 욕을 먹었다. 하다하다 못 참는 사람들은 하나 둘 낙오자가 되었다. 하지만 장우걸만은 이를 악물고 끝까지 살아남았다.

정식직원이 된 오늘에서야 장우걸은 집배원들이 타고 다니는 차를 운전할 수 있게 되었다. 수많은 직장 선배들이 우체국 입구에서 첫발을 내딛는 그를 위해 박수를 쳐주었으나 마냥 유쾌하지만은 않았다. 그들은 편지 배달하기 가장 힘들고 어려운 지역을 모두 장우걸에게 몰아준 것이다.

그중에는 심하게 경사진 언덕길도 있어서 차를 운전해 가는 것은 아예 꿈도 못 꾸고, 손수레를 끌고 들어가는 것도 거의 불가능했다. 하지만 장우걸은 조금도 겁나지 않았다. 지난 주말을 이용해 그 지역을 한 번 둘러보고 지도를 그려 '배달노선도'를 이미 완성했기 때문이다. 첫날이라고는 하지만 익숙한 곳이었다. 우체국에서 출발하자마자 그는 활기에 넘쳐 빠른 속도로 목적지를 향해 달려갔다.

'두고 보라고! 내가 멋지게 해내는 모습을 보여주고야 말겠어!'

장우걸은 땀을 닦는 것도 잊은 채 한 집 한 집 달리며 편지를 배달했다.

'일부러 나한테 힘든 곳을 배정해서 골탕 한번 먹여보겠다는 속셈인가 본데, 어림도 없지! 무술까지 배운 이 몸에게 이까짓 일쯤이야 식은 죽 먹기라고!'

아홉 시에 우체국을 떠난 장우걸은 오후 두 시에 가뿐한 모습으로 우체국으로 돌아왔다.

우체국은 텅 비어 있었다. 근무 연수가 오래된 직원들은 매일 정시에서 20분이 지나서야 그날의 일정을 시작했다. 또 동작은 얼마나 느려 터졌는지 보기만 해도 가슴이 답답했다. 어떤 때는 차 안에서 휴대전화를 붙들고 있거나 신문을 보거나 음악을 들으며 시간을 때우기도 했다. 그러다가 다시 우체국으로 돌아오면 네 시 반, 다섯 시는 기본이었다.

국장은 장우걸의 가뿐한 모습을 보자 입을 쩍 벌렸다.

"세상에! 벌써 다 배달한 거야?"

"그럼요. 그 정도 가지고 뭘요!"

장우걸은 의기양양한 모습으로 뒤편으로 들어가 소포를 날랐다. 다섯 시가 다 되어가자 선배들이 하나 둘씩 들어오기 시작했다. 그들은 하나같이 허리고 등이고 안 쑤시는 곳이 없다고 징징댔다.

"엇, 자네 벌써 온 거야?"

"어라, 편지를 다 배달하긴 한 거야?"

"아무 일 없었던 거지?"

들어오는 선배들마다 눈을 동그랗게 뜨며 장우걸에게 물었다. 장우걸은 손바닥을 털며 말했다.

"그까짓 거 일찍 다 배달해 버리고 두 시에 들어온 걸요!"

선배들은 멋쩍은 듯 어깨를 으쓱해 보이며 불편한 표정으로 서로를 쳐다보았다.

일주일 내내 장우걸은 두 시가 되면 어김없이 우체국으로 돌아왔다. 그리고 아직 배달 일을 마치지 못한 선배들을 위해서 우편물을 정리했다. 그런데 뭔가 이상했다. 선배들이 입으로는 장우걸에게 고맙다고 하는데 그 말 속에 어딘가 모르는 냉랭함이 느껴졌다. 반응이 어째 처음 왔을 때의 친절함과는 거리가 멀었다.

다시 월요일이 되었다. 장우걸은 그날도 일찍감치 출근했다가 필리핀계 청소원인 니나를 만났다. 니나는 장우걸에게 다가오더니 속삭이며 말했다.

"너무 열심히 하지 말아요. 그러면 다른 사람들이 상대적으로 게을러 보이잖아요. 이제부터는 편지 배달이 일찍 끝났다 싶으면 곧바로 돌아오지 말고 밖에서 좀 어슬렁거리다 와요. 네 시 반 이전에는 돌아오지 않는 게 좋아요."

순간 장우걸은 이마를 탁 쳤다. 그제야 모든 궁금증이 풀렸다.
"아! 바로 그거였구나! 내가 왜 그걸 몰랐지?"

그날부터 장우걸은 더 이상 길을 재촉하지도 뛰지도 않았다. 느긋한 마음으로 길가의 풍경과 남의 집 정원을 감상하며 다녔고 그러다가 집주인과 마주치면 여유롭게 인사를 건네기도 했다.

니나의 말이 맞았다. 집배원은 편지를 배달할 뿐만 아니라 관계에도 신경을 써야 했다. 고객들과 친해져서 고객의 이름까지 외울 수 있게 되면 성탄절에 받는 수입도 더 짭짤해진다는 것이다. 장우걸은 작은 노트를 준비해서 자신이 맡은 각 가정의 주인 이름을 적었다. 심지어 개 이름까지 적어 외웠다. 초인종을 눌러 개가 시끄럽게 짖을 때 장우걸이 이름을 불러주면 신기하게도 소리가 딱 그칠 때도 많았다.

이렇게까지 하는데도 오후 세 시가 되자 편지 배달이 모두 끝났다. 그는 하는 수 없이 니나가 시키는 대로 차를 길 한 편에 세워두고 차 안에 앉아 신문을 읽었다. 그렇게 일주일쯤 지난 어느 날 누군가 씩씩거리며 장우걸이 탄 차를 향해 다가왔다. 인기척을 느끼고 고개를 든 장우걸은 심장이 얼어붙었다. 그는 바로 국장이었다.

"어서 당장 우체국으로 돌아가!"

"아니, 국장님이 여기를 어떻게…."

"어떻게 알았냐고? 고객이 우체국으로 전화해서 자네를 고발했으니까!"

우체국으로 들어서자마자 국장은 고래고래 소리를 질렀다.

"상부에 이런 소리가 들어갔으면 어쩔 뻔했어? 내 밑에 있는 사람들이 하라는 편지 배달은 안 하고 허구한 날 차를 세워 놓고는 그 안에서 신문만 보고 있다고 말이야!"

"하지만 전 이미 편지 배달을 마친 걸요."

장우걸은 조금 억울하다는 투로 대꾸했다.

"아니, 일을 다 마쳤는데도 안 들어왔단 말이야?"

국장의 목소리가 더 높아졌다. 그는 문을 가리키며 말했다.

"가서 선배들한테 물어봐. 일을 끝마쳤으면 어떻게 해야 하나."

장우걸은 어두운 얼굴로 국장실에서 나왔다. 밖에 있던 선배들도 이미 다 들었는지 장우걸을 보자 모두들 눈길을 피했다.

퇴근시간이 되자 장우걸은 고개를 푹 숙인 채 우체국을 나섰다. 그때 갑자기 누군가 장우걸의 어깨를 툭 쳤다. 바로 윗기수 선배였다. 선배는 장우걸의 주머니 속에 쪽지 하나를 집어넣어 주며 의미심장한 미소를 지었다.

"이게 뭔가요?"

"집에 가서 펴보라고."

숨겨진 진실 엿보기

선배가 장우걸의 주머니 속에 넣은 쪽지는 무엇이었을까? 위로문이었을까? 경고의 편지였을까? 아니면 위로조로 얼마간의 돈을 넣었을까?

장우걸이 펴 본 것은 편지도 돈도 아니었다. 그것은 다름 아닌 지도였다. 지도 위에는 여러 곳이 표시되어 있었다. 공원의 구석진 곳도 있었고 후미진 골목도 있었다.

장우걸이 맡은 구역은 선배들도 한때 다들 해봐서 익숙한 지역이었다. 몇십 년의 시간이 흐르는 동안 그들은 이미 최상의 노선을 찾아냈던 것이다. 어느 곳에서 휴식을 취해야 사람들의 눈에 잘 띄지 않는지, 더운 여름에는 어디서 따가운 햇볕을 피해 그늘 안에서 쉴 수 있는지 이미 꿰뚫고 있었다.

불편한 진실은 아무도 말해 주지 않는다

아마 이런 의문을 가진 사람도 있을 것이다.

'왜 편지를 모두 배달하고 나서도 사람들은 밖에서 빙빙 돌며 우체국으로 돌아오지 않는 걸까? 국장도 일을 다 마쳤으면 들어와야 한다고 말했잖아. 왜 밖에서 그러고 있냐고. 만약 바람이 심하게 불거나 눈이라도 오면 다섯 시가 돼야 우체국으로 돌아온단 말이야?'

그렇다! 바람이 불고 눈이 오는 날이면 그들이 우체국에 돌아오는 시간은 어김없이 더 늦어진다. 왜냐하면 한 시간 늦을 때마다 한 시간 만큼의 이익이 생기기 때문이다. 우체국의 규정에 따라 네 시 이후에는 야근수당이 붙기 때문에 늦게 퇴근하면 그만큼의 야근수당이 붙는다. 게다가 야근수당은 일반적으로 시간당 수당의 1.5배나 된다. 그런데도 만약 시간에 맞춰 우체국으로 돌아간다면 야근수당을 받을 수 없게 된다. 또한 자기 일을 일찍 끝냈다고 책상에 가만히 앉아 있을 수만은 없는 일이다. 다른 할 일을 찾아서 손발을 움직여야 한다. 그야말로 일을 제 손으로 만들어 하는 격이다. 설령 야간수당을 포기하고 잡일을 감수하겠다 하더라도 여전히 문제가 남는다. 조직에서는 한 사람의 행동이 혼자만의 문제가 아닌 것이다.

상사들의 입장을 한번 생각해 보자. 부하직원이 일이 많아 늦게 돌아온다면 우체국의 상사 역시 부하직원과 함께 야근을 할 수밖에 없다. 그러니 국장의 입장에서 봐도 역시 이익이다.

그런데 이러한 진실을 아무도 대놓고 말하지는 못한다. "이봐, 자네가 슬슬 일해야 내가 수당을 받을 수 있다고!" 이렇게 속 시원하게 말해 주는 상사가 있다면 좋겠지만 그런 상사는 어디에도 없다. 말 그대로 자기 입으로 말하기엔 '불편한' 진실인 것이다. 대신 그들은 끊임없이 암시를 준다.

국장이 장우걸에게 했던 말, "가서 선배들한테 어떻게 해야 하는지 물어봐." 이 말은 혼내는 말이 아니라 암시였다. 그리고 우체국의 '불편한 진실'을 신입사원이 눈치 채지 못하자 보다 못한 선배가 여학생처럼 쪽지까지 동원해 힌트를 준 것이다.

조직의 속성을 이해하지 못하면 유능함도 독이 된다

혹시 나쁜 것만 가르쳐준다고 생각하는가?

하지만 내가 이 책을 쓴 이유는 간교하게 살라는 것이 아니다. 1원만큼의 일을 했다면 그만큼만 돈을 받아가는 게 맞다. 그보다 더 받거나, 가져가지 말아야 할 돈까지 가져간다면 그건 분명히 탐욕이다. 다만 거짓이 난무하는 이 시대에 다른 사람이 얼마나 간교하게 행동할 수 있는지에 대해서는 반드시 알아야 한다. 만약 그것을 모른다면 어느 날 이런 사람들 때문에 퇴출당한다 해도 자기 자신은 영문조차 모르는 상황이 발생하게 된다. 그리고 사람이 사회 속에서 일을 하며 살아가려면 최소한 '사회의 윤리', '행동의 법칙'은 알아야 한다.

'행동'이란 도로와도 같다. 너무 빠르게 운전해서도 안 되지만 그렇다고 너무 느리게 가도 곤란하다. 도로에는 일정한 '속도제한'이 있고 지켜야 할 교통법규도 있다.

예를 들어 당신이 자동차를 생산하는 공장에서 일을 한다고 가정하자. 당신의 손과 발은 매우 민첩하여 다른 사람이 하루에 차 열 대를 생산해낼 때 당신은 그 두 배인 스무 대를 생산할 수 있다. 당연히 당신은 두각을 나타낼 것이다. 문제는, 당신이 스무 대를 생산해낼 때 당신을 제외한 나머지 아흔아홉 사람은 열 대밖에 만들어내지 못한다는 데 있다.

사장이 이 상황에 대해 뭐라고 말할까? 두 사람이 할 일을 혼자서 해낸다고 당신을 칭찬할까? 다른 사람들의 작업 속도가 매우 느리다고 그들 앞에서 당신을 칭찬하며, 나머지 사람들은 열심히 당신을 따라가지 않으면 해고해 버리겠다고 할까? 언뜻 보기에 이것이 합리적인 방법 같지만 실상은 그렇지가 않다. 만약 사장이 위와 같이 행동한다면 자동차 공장은 오래가지 않아 문을 닫을 것이다. 다들 해고가 되어 당신 혼자 남게 되면 하루에 차를 스무 대밖에 생산할 수 없게 될 테니 말이다. 물론 그 전에, 아흔아홉 명이 사장을 찾아가 당신을 쫓아내지 않으면 모두 나가버리겠다고 엄포를 놓겠지만 말이다.

아무리 당신의 재능이 뛰어나더라도 사장은 다수의 심기를 건드리지 않는 쪽을 선택할 수밖에 없다. 그것이 조직의 속성이다. 조직에서 살아남고, 더 높은 곳으로 오르고 싶다면 속도를 줄이는 법을 배워야 한다.

🕯 자신의 공적은 속으로 만족하라

전작 《거짓을 이기는 거짓我不是教你詐》에서 나는 어떻게 해야 미움을 사지 않으면서도 자신을 드러내는가에 관해 언급했다. 세운 공이 너무 커서 상사를 놀라게 만들면 상사는 자신의 안위를 위해 '어쩔 수 없이' 뛰어난 사람을 제거할 수밖에 없기 때문이다. 내가 강조하고자 하는 바는 이렇다.

'절대다수의 심기를 건드리지 말라. 조직 안에서 당신의 공적이 너무 강조되어 대다수의 사람들이 당신과 비교된다면, 결국 최후에 손해를 보는 사람은 당신이다!'

물론 나 역시 이런 낭패를 본 경험이 있다.

내가 스물넷에 방송국 뉴스부에 갓 입사했을 때의 일이다. 처음 취재를 나가던 날, 나는 발바닥에 땀이 나도록 뛰어다닌 끝에 하루에 취재를 여섯 건이나 해내는 기염을 토했다. 같은 시간에 동료 기자들은 잘 해야 한 건 혹은 두 건, 심지어 짧은 가십조차 건지지 못한 사람들이 대부분이었다. 그들이 취재할 내용을 다 나에게 빼앗겼기 때문이다. 나는 그날 취재한 내용을 일일이 원고로 옮기느라 거의 초죽음이 되었다. 그래도 두툼한 원고를 손에 들자 내심 뿌듯했던 나는 피곤한 내색도 하지 않은 채 가슴을 펴고 당당하게 원고를 제출하러 갔다. 그런데 나에게 돌아온 것은 영예로운 박수소리가 아니었다.

"이제 막 들어온 신입이 좀 하는데!"

"젊은 사람이 독하기도 하지."

얼핏 칭찬처럼 들리는 이런 말들의 배후에는 다른 것이 숨어 있었다. 사실 그것은 비정한 야유에 가까웠다.

또 이런 일도 있었다.

영화, 연극 분야를 취재할 때의 일이다. 관례대로 영화사, 제작자, 심지어 스타의 매니저까지 나에게 좋은 기사를 부탁하며 봉투를 쥐어주었다. 기를 쓰고 안 받으려고 했지만 생각처럼 쉽지 않았다. 사람들은 내 취재장비가 든 가방에 돈을 몰래 넣어 두는가 하면, 타고 다니는 차 창가에 봉투를 끼워넣기도 했다. 차를 운전하는 기사는 차를 멈추라는 나의 말을 꼭 무시하곤 했다.

나는 회사에 돌아와 그 일을 상부에 알리며 봉투를 건넸다. 그런데 한 번, 두 번 그런 일을 계속되자 상사들 입에서 묘한 소리들이 흘러나왔다.

"거 참 이상하네. 예전에 우리가 그렇게 백방으로 뛰어다닐 때는 이런 것도 없더니 자네가 가니까 생긴단 말이야."

그 후로 나는 봉투를 받아도 상부에 보고하지 않았다. 상사들은 암시를 주었고 조직에서 살아남기 위해서는 암시를 따라야 했다. 만약 그러지 않고 계속 나만의 청렴결백을 주장하며 "저는 이런 것 절대 안 받습니다!" 라고 외쳤다면 어떻게 됐을까? 나는 동종업계에 근무하는 동료 기자들의 심기를 한꺼번에 건드리는 셈이 된다. 이런 대죄大罪를 지어 놓고 과연 그 세계에서 살아남을 수 있을까?

그래서 나는 방법을 바꿨다. 봉투를 받긴 받되, 회사 연말 송년회 때 회사 명의로 그것을 자선단체에 모두 기부해 버렸다. 아무도 누가 기부했는지 알 수 없었을 것이다. 나와 아내를 빼고는 말이다.

이야기를 풀어놓다 보니 내 과거의 치부를 드러냈지만, 나는 과거 나의 행동이 옳지 않았다고는 생각하지 않는다. 왜냐하면 그 시대의 그런 환경 속에서 내가 그렇게 했어야만 살아남을 수 있었기 때문이다.

당신 홀로 착한 사람이면 다른 사람은 모두 나쁜 사람?

당신이 홀로 고상한 척을 할수록 다른 사람들은 속물로 비쳐진다.

한번은 가까운 친구가 호주로 단체 여행을 갔을 때 일행이 보는 앞에서 가이드에게 팁을 줬다가 혼쭐이 난 적이 있다.

"세상에! 무슨 돈을 그렇게 많이 줘!"

"여행상품에 이미 이런 비용까지 다 포함되어 있다던데. 그러면 우리도 또 따로 줘야 하는 거 아냐?"

그때까지도 친구는 대수롭게 여기지 않았지만, 화장실에서 일행들이 하는 이야기를 우연히 듣고는 찬물을 뒤집어쓴 기분이 들었다고 한다.

"꼭 저렇게 티를 내는 사람이 있다니까."

"그냥 다른 사람 좀 따라가 주면 안 돼?"

"저런 사람 때문에 여행가이드들이 자꾸 뭘 받으려는 습성이 생기는 거야."

사실 주위 사람의 심기를 건드리지 않으면서 고상해지는 방법은 얼마든지 있다. 내 친구는 다른 사람들이 보지 않는 곳에서 팁을 줄 수도 있었다. 만약 상황이 여의치 않았다면 가이드에게 팁을 주기 전에 일행에게 미리 한마디쯤 해줬어야 한다.

"내가 개인적으로 부탁했던 일이 좀 있어서 조금 더 얹어서 줘야겠어. 절대 나 때문에 더 주거나 하지 말라고."

멀리 가려면 속도를 줄일 줄도 알아야 한다

장우걸의 우체국 이야기로 돌아가 보자.

퇴직이 가까워오는 선배들은 체력도 젊은 사람만 못하고 손발도 민첩하지 못하다. 어쩔 수 없이 편지를 배달하는 데도 장우걸보다 훨씬 느릴 수밖에 없다. 때문에 어느 정도는 이들의 속도에 맞춰줘야 한다. 이것은 우체국 직원들의 입장에서는 선배들을 위한 배려이기도 하다. 만약 이런 암묵적인 우체국의 전통이 사라진다면 어떻게 될까? 후배들의 승진이 빨라지는 만큼 선배들의 퇴출 또한 빨라질 것이다. 당장 후배의 입장에서야 좋을지 모른다. 하지만 이런 시스템이 고착되면 철밥통이던 우체국의 퇴직 연령은 매우 낮아질 것이다. 장우걸도 지금이야 젊어서 언덕길도 한숨에 내달리지만 그도 언젠가는 늙고 만다.

도로를 질주할 때 평균제한속도가 있듯이 사회적인 행동에도 '평균적인 수준'이 있게 마련이다. 당신의 행동 역시 그 평균적인 속도에 맞게 가야 한다. 너무 느리게 가도 곤란하지만, 반대로 지나치게 욕심을 부려 가속도를 내는 것도 문제가 될 수 있다. 당신의 차가 다른 사람의 차를 들이받거나 아니면 다른 사람이 당신을 들이받을 수 있기 때문이다.

이런 얘기들이 어쩌면 세상과 쉽게 타협하라는 뜻으로 들릴지도 모른다. 하지만 아무리 생각해도 젊은 친구들에게 안 해줄 수는 없는 것들이다. 내가 몰라서 그랬던 것처럼 젊은 후배들이 낭패를 겪지 않게 하기 위해서다.

   중요한 것은 사람들 앞에서는 적당히 맞춰주되 마음만은 흔들리지 않는 것이다. 드러내놓고 꼿꼿하게 행동해서 부러지기보다는 주는 돈, 주는 사람 앞에서는 일단 받고 자선단체에 기부를 하는 방식으로 말이다.

어느 조직에나 불편한 진실이 있다.
그것은 구체적인 말이 아니라 암시적인 형태로 전달된다.
사회생활을 잘 하려면 무엇보다도 이런 암시를 해독할 줄 알아야 한다.

희생양,

**처벌을 받을 때는 확실하게 몸을 낮추고
죄인 역할에 충실하라**

지하실로 내려간

두 팀장 회사에 큰 일이 발생해 영업부의 두 자리가 동시에 공석이 됐다. 강姜 팀장과 방方 부팀장의 자리였다. 그렇다고 '퇴직'은 아니었다. 단지 한 단계씩 낮은 직책으로 강등되고 반성의 시간을 갖도록 한 것이다. 하지만 '반성'이라기엔 좀 지나친 감이 있었다. 마치 초등학교 선생님이 말썽꾸러기를 벌줄 때 교실 뒤로 나가 의자를 들고 서 있으라고 하는 것과 같았다. 장張 사장은 지하실 인쇄 센터에 책상과 의자를 두 개씩 놓아 두었다. 그곳이 바로 강 팀장과 방 부팀장이 반성의 시간을 가질 곳이었다.

사실 강 팀장과 방 부팀장은 장 사장의 오른팔과 왼팔이었다. 게다가 이번 일은 장 사장의 책임도 있었다.

일전에 협력회사의 유 사장은 외국의 바이어를 초대했고 장 사장과 함께 바이어를 만나기로 했다. 장 사장은 영업 수완이 좋은 강 팀장과 방 부팀장을 데리고 그 자리에 나갔다. 술자리에서 이어지는 장 사장의 제품 설명에 바이어가 관심을 보이며 샘플을 보내달라고 부탁했다. 장 사장은 그것을 강 팀장과 방 부팀장에게 맡겼다. 하지만 장 사장이 잘못 전달한 건지 아니면 두 사람이 술에 취해 이야기를 제대로 못 들은 건지, 그것도 아니면 두 사람의 변명처럼 '상대방이 다시 연락하기로 한 줄 알았다'고 착각한 것인지, 결국 바이어는 샘플을 받지 못했다. 그리고 장 사장도 이 일을 까마득히 잊고 있었다.

한 달 후, 장 사장은 조간신문을 보다가 놀라고 말았다. 경쟁사가 큰 건수의 계약을 체결했는데, 그게 바로 술자리에서 만났던 바이어 쪽 대기업이었기 때문이다. 장 사장은 다급히 유 사장에게 경위를 물었다. 그랬더니 바이어가 장 사장 측의 샘플을 받아보려고 했지만 소식이 없어 결국 경쟁사로 연락을 했다는 대답이 돌아왔다. 알고 보니 당시 그 대기업은 바이어를 보내 조심스럽게 큰 사업을 준비하고 있었던 것이다. 하지만 그 당시에는 장 사장도 징계를 받은 두 사람도 이를 알 리가 없었다.

만약 장 사장이 이런 사실을 알았더라면 과연 두 사람에게 일을 맡겨 놓고만 있었을까? 분명 두 눈을 부릅뜨고 샘플이 제대로 갔는지 끝까지 확인했을 것이다.

결과적으로 강 팀장과 방 부팀장이 책임을 완수하지 못한 것은 사실이지만 결국 재수 없이 걸린 것이라고 볼 수 있다. 사실 장 사장도 바이어를 대수롭지 않게 생각해 한동안 잊어버리고 있었으니 장 사장에게도 분명 잘못이 있는 것이다.

징계를 받은 두 사람은 정말 창피하고 난처했다. 하지만 난처하기는 다른 직원들도 마찬가지였다. 거의 모든 직원이 매일 인쇄를 하기 위해 지하실의 인쇄 센터에 드나들기 때문이다. 들어서면 간부급 상사 두 명이 벽 쪽에 앉아 있으니 정말 웃을 수도

울 수도 없는 애매한 상황이었다.

더 난처한 것은 주차장에서 방 부팀장을 만나는 일이다. 사건이 발생하기 전까지 자가용으로 출퇴근하던 그는 이제 자전거를 탔다. 직원들이 차를 몰고 가다 앞에서 힘들게 자전거 페달을 밟고 가는 그를 보면, 추월도 못하고 그저 묵묵히 뒤를 따를 수밖에 없었다.

반면 강 팀장은 여유로웠다. 지하실의 차가운 의자에 앉아 있으면서도 그는 아무렇지 않은 듯 보였다. 지하로 막 내려왔을 때도 그의 책상 위에는 보란 듯이 꽃이 꽂혀 있었다. 그의 부인이 꽂아놓은 거라 했다.

회사 사람들은 모두 그의 처가가 부자란 사실을 알고 있었다. 강등된 지 며칠이 지나자 처가 식구들은 그에게 기운을 북돋워 준다는 명목으로 신형 벤츠를 선물했다. 그래서 직원들은 사적으로 그를 만날 때면 대단하다는 뜻으로 그의 어깨를 힘 있게 두드려주곤 했다. 물론 방 부팀장을 만날 때도 슬쩍 어깨는 두드려줬지만 의미가 달랐다.

그랬다. 방 부팀장과 강 팀장의 양상은 확연히 달랐다. 방 부팀장은 동정을 받을 만했다. 월급이 반으로 줄자 방 부팀장의 경

제상황은 악화되어 생활비를 감당하기도 어려웠고 차량 유지도 힘들어 자전거로 바꿨다. 반대로 강 팀장은 더욱 눈부셨다. 인쇄센터에 들어가면 방 부팀장에게선 '쇠약한' 기운이 감돌았고 강 팀장에게선 '왕성한' 기운이 감돌았다.

2주일 전 강 팀장과 장 사장은 우연히 골프장에서 만났다. 강 팀장은 친구들에게 자신이 지금은 장 사장에게 '벌'을 받아 '지하팀장'이 됐다며 유머러스한 농담을 늘어놓기도 했다. 물론 장 사장도 그 자리에선 웃어보였다. 이 소문을 들은 사람들은 여유 있는 강 팀장의 모습에 그가 곧 원래 자리로 돌아올 수 있을 것이라 예측했다. 하지만 방 부팀장에 대해선 예측불허였다. 그의 불안한 표정을 지켜보면 곧 쫓겨날 것만 같았기 때문이다.

그런데 이게 어찌된 일일까? 요 근래 강 팀장을 본 사람이 아무도 없다! 직원들 사이에는 그가 장 사장에 의해 외국으로 파견됐다는 소문만 간간히 돌 뿐이었다. 그러다 오늘 아침 간부회의에서 모든 진실이 밝혀졌다.

"강 팀장은, 우리 회사같이 작은 곳에서는 감당할 수 없는 인물이라 아마도 다른 회사의 높은 직책을 맡아서 갔을 겁니다."

그러면서 장 사장은 방 부팀장을 가리켰다.

"사실 저번 일은 제 잘못도 있습니다. 두 사람에게만 책임을 모두 떠넘길 수는 없는 일이었습니다. 그래서 방 부팀장을 팀장으로 영업부에 복귀시키기로 했습니다. 앞으로는 방 팀장이 전에 강 팀장이 하던 일을 잘 이어서 해줄 거라 생각합니다."

한순간 멍해진 사람들은 이내 새로운 팀장에게 우레와 같은 박수를 보냈다. 그다음 날부터 방 팀장은 다시 사무실로 당당히 출근했다.

 숨겨진 진실 엿보기

강 팀장은 도대체 어떻게 된 것일까?
장 사장의 말대로 그가 더 좋은 직장으로 이직했을 수도 있다. 또 실제로는 해고했지만 그의 체면을 생각해 장 사장이 보기 좋게 포장했을 수도 있다. 만약 장 사장이 그를 해고한 거라면 왜 더 일찍 해고하지 않았을까?
먼저 장 사장은 보안을 위해 강 팀장을 일단 붙잡았을 수 있다. 조직은 핵심 직원들이 퇴직을 하려할 때 그에게 '냉각기'를 주어 기밀 유출을 확실하게 방지하곤 한다. 마치 조개를 물에 담가둬 모래를 깨끗이 내뱉게 하듯 말이다. 중국

원자폭탄의 아버지라 불리는 첸쉐썬錢學森도 미국의 원자폭탄 연구소를 떠날 때 한동안 출국 금지명령이 내려졌다. 그에게 '냉각기'를 주어 최신 기술을 접할 수 없게 하기 위한 조치였다.

그러나 이번 경우는 사실 보안의 문제가 아니었다. 애초에 장 사장은 그들을 해고시킬 마음이 없었다. 그들이 인쇄 센터에 내려가 있는 동안에도 영업부의 많은 일들이 그들의 손을 거쳐야 했고 장 사장도 이를 용인한 것이 그 증거다. 또한 그들에게 복직 기회를 주고자 했기에 그들의 자리도 남겨 두었던 것이다.

윗사람은 자신의 과오를 덮기 위해 희생양을 찾는다

그렇다면 장 사장은 왜 자신의 듬직한 두 팔이었던 두 사람에게 그런 징계를 내렸을까? 사실 이유는 매우 간단하다. 체면 때문이다. 그는 사소한 실수로 큰 건수의 계약을 경쟁사에게 빼앗겼다. 이 일로 그는 업계의 웃음거리가 되어 얼굴도 제대로 들지 못할 정도다. 또 회장에게는 어떻게 보고할지 막막하기만 하다. 결국 그는 희생양을 찾을 수밖에 없었다.

'희생양'이 되는 법을 배워라

유도를 배울 때 가장 먼저 배우는 것은 다른 사람을 넘어뜨리는 방법이 아니라 잘 쓰러지는 방법이다. 모든 사람들이 사회에 들어서면 먼저 '희생양'이 되는 법을 배워야 한다. 살다 보면 다른 사람이 저지른 잘못에 누명을 쓰고 희생양이 될 수도 있기 때문이다.

조직 폭력배를 예로 들어보자. 당신의 보스가 상대조직의 가족을 납치하라고 명령을 했다. 당신은 보스의 말을 실행했지만 상대조직이 이 사실을 알고 바로 사무실로 들이닥쳤다. 당신의 보스는 어떻게 할까?

십중팔구 모든 일을 당신에게 떠넘길 것이다. 그렇다면 당신은 보스에게 "전 정말 억울해요. 형님이 제게 시키신 일이잖아요."라고 말할 것인가? 절대 그럴 수 없다. 대신 살려달라고 손이 발이 되도록 빌어야 한다. 만약 이런 이치도 모르고 강하게 항변한다면 보스가 당신을 가만히 내버려둘 리가 없다.

만약 이 일로 당신이 크게 다친다면 그것은 보스가 당신에게 진 빚이 된다. 따라서 높은 지위가 따라올 수도 있다. 당장 보스의 오른팔로 등극하게 되는 것이다.

처벌을 받는 태도

강 팀장과 방 부팀장이 모두 이 일을 감내했다면 장 사장은 그들을 복직시키며 더 큰 신뢰를 보였을 것이다. '강 팀장 역시 별다른 변명 없이 처벌을 순순히 받아들이지 않았느냐'고 물을 수도 있다. 틀린 말은 아니다. 문제는 바로 처벌을 받는 그의 태도에 있었다.

그는 신형 벤츠를 몰고 다니는가 하면, 반성하라고 주어진 책상을 꽃으로 장식하고, 골프를 치러 다녔다. 반성의 기미는커녕 오히려 보란 듯이 이전보다 자신의 존재를 떠벌리고 다닌 것이다. 장 사장이 두 직원에게 징계를 내린 데에는 교육적인 의미도 포함되어 있었는데 이것이 완전히 무시된 것이다.

처벌이 목적을 이루지 못하면 처벌을 내린 사람의 입장은 난처해진다. 타이완의 은행 강도 리쓰커李師科는 돈을 훔쳐 그것을 가난한 사람들에게 나누어 주었다. 후에 그는 결국 붙잡혀 사형에 처해졌다. 하지만 그것은 오히려 그를 영웅으로 만들었고, 후대에 누군가는 '리쓰커 사당'을 지어 그를 기념하기까지 했다. 비록 사형은 집행됐지만 교육적인 목적은 전혀 이루어지지 않은 채 처벌을 내린 자들이 조롱거리가 되었다.

강 팀장은 처벌을 받았는데도 반성하는 기미는 보이지 않고 더욱 활개를 치고 다녔다. 그럼 이 처벌이 과연 무슨 의미가 있을까? 그가 활개를 치면 칠수록 그것은 소극적 저항을 넘어서 적극적인 불복종이 된다. 곧 장 사장의 처사에 대한 시위나 마찬가지다. '날 도대체 어떻게 하겠다고? 당신은 절대 날 넘어뜨릴 수 없어!'라고 무언의 시위를 하는 셈이다. 직원들 또한 의기양양한 강 팀장에게 호응을 보내니 장 사장의 입장에서는 속이 탈 수밖에 없다.

맞기 싫다면 먼저 쓰러져라

새 둥지에서 불쌍한 모습을 하고 먹이를 기다리는 새들은 어미에게 더 많은 관심을 받고 먹이도 더 많이 얻어먹는다. 혼이 날 때 울면서 잘못했다고 빌고 불쌍해 보이는 아이는 조금이라도 덜 혼나게 된다.

권투시합에서 많이 맞아 만신창이가 되는 사람은 끝까지 꼿꼿이 서서 싸우는 사람이다. 만약 한 대 정도 맞고 싸워 이길 수 없다고 판단되면 쓰러져라. 그럼 더 이상 맞지 않아도 된다.

고대에 한 신하가 황제에게 큰 죄를 짓고 궁 밖으로 쫓겨나 평민이 되었다. 황제의 명령은 없었지만 그는 문을 걸어 잠그고 반성의 시간을 가졌다. 그의 신복들도 외출을 삼갔다. 외출할 일이 있으면 그는 마치 상을 치르는 사람처럼 허름한 옷을 입고 낡은 상자를 들고 다녔다. 상자 안에는 금은보화가 들어 있었지만 겉으로 보기에는 그저 낡은 상자일 뿐이었다. 그가 자신의 재산을 과시하면서 화려하게 살았다고 생각해 보자. 아마도 그는 더 큰 화를 면치 못했을 것이다.

굴욕을 참고 고개를 숙이는 자세를 배워라

예나 지금이나 이런 상황은 마찬가지다.

방 부팀장은 '지위가 낮으면 죄인'이라는 사실을 잘 알고 있었다. 그래서 그는 자신을 최대한 낮추었다. 차로 출근하는 대신 자전거를 탔고, 행동으로 반성의 모습을 충분히 보여주려 부단히 노력했다. 마치 고대의 그 신하가 관직을 뺏기고 쫓겨났을 때 순순히 응했던 것처럼 말이다. 몇 년 후 황제는 그를 다시 궁으로 불러들였고 관직을 회복시켜 주었다. 뿐만 아니라 그는 궁 밖의 경험을 바탕으로 세기의 명작을 남기기도 했다.

방 부팀장 역시 희생양이 됐을 때 순종함으로써 살아남았다. 지하실에서의 굴욕을 참았기에 기회를 잡을 수 있었다. 그는 복직됐을 뿐 아니라 승진까지 했다. 더욱이 강 팀장마저 회사를 떠났기 때문에 장 사장의 더 많은 신뢰를 받으며 탄탄대로를 걷게 되었다.

싸워서 이겨야 할 때가 있고,
엎드려 빌어야 할 때가 있다.
만약 빌어야 할 때가 온다면 몸을 확실히 낮춰라.
다시 일어설 기회는 언제든 돌아온다.

배반,

세상이 변하고 상황이 달라지면
배신자는 설 자리를 잃는다

배신자의
유통기한

장 사장은 분통이 터졌다. 총이라도 있다면 당장 보싱회사의 노 사장 사무실로 쳐들어가 노 사장과 배신자 강 씨에게 방아쇠를 당기고 싶은 심정이었다.

장 사장의 회사는 최근 미국의 대기업에서 보내온 주문을 수주하지 못했다. 뿐만 아니라 오랜 고객이었던 회사 네 곳도 모두 보싱회사에 빼앗겨 버렸다. 처음에는 왜 이런 일이 연달아 일어나는지 영문을 알 수 없었다. 단지 떠나버린 네 곳의 중소기업이 미국의 그 권위 있는 대기업을 따라서 보싱회사로 옮기는 줄로만 알고 그저 보싱의 저력에 감탄하고 있었을 뿐이었다.

그런데 어제 유 사장의 전화를 받고 충격에 휩싸였다. 얼마 전 장 사장의 회사를 그만 둔 강 씨가 노 사장 쪽에 바짝 붙어 오른팔 역할을 하고 있고, 노 사장 역시 강 씨를 특별비서로 삼았다는 것이다. 강 씨는 노 사장이 고객을 방문할 때마다 따라다니면서 장 사장을 험담하고 말도 안 되는 소문을 퍼트렸다. 그것이 바로 오랜 고객이 잇달아 장 사장의 회사를 떠나 노 사장 쪽으로 거래처를 옮긴 이유였다.

이제야 이 모든 일이 강 씨가 연출한 것임을 알고 나자 장 사장은 혈압이 치솟아 당장이라도 뇌출혈이 올 것만 같았다. 화가 나 밤에 잠도 이룰 수 없었다. 그래서 강 씨는 일부러 샘플도 잘 보내주지 않은 것이다. 어쩌면 그는 노 사장과 진작 내통을 해왔을지도 모른다.

이러한 결론에 도달하자 장 사장은 한숨만 나왔다. 생각 같아서는 당장에 강 씨를 어떻게 해버리고 싶었지만 지금은 속수무책으로 회사의 더 많은 정보가 유출되지 않기만을 바랄 뿐이었다.

작정하고 꾸민 음모에는 역시 당해낼 방법이 없었다. 강 씨는 고객과 직접적인 접촉이 잦은 사람이었기 때문에 피해가 더 컸다. 소문에 의하면 강 씨가 고객의 불만이 담긴 리스트를 가지고 다니며 다른 고객들에게 보여주고 다녀 그걸 본 고객이 흔들리지 않을 수가 없다고 했다. 장 사장은 부득부득 이만 갈았다.

그런데 어제 유 사장이 뜻밖의 말을 들려주었다. 요즘 노 사장이 갑자기 강 씨에게 말을 줄이라고 특별히 주의를 준다는 것이었다. 그리고 얼마 전 영국의 대기업을 접대하는 자리에는 아예 강 씨를 데리고 가지 않았다고 한다.

"흥! 그 놈들이 또 무슨 음모를 꾸미려고…."

"아 그게… 진정하고 내 말 좀 들어봐요."

그 뒤로 이어진 말에 장 사장은 심장이 멎는 듯했다. 노 사장이 장 사장과 저녁식사를 하고 싶다며 자리를 마련해 달라고 부탁을 했다는 것이다. 장 사장은 화가 머리끝까지 올랐다.

"나보고 그 원수 놈하고 같이 밥을 먹으라고요? 완전히 날 무너뜨릴 심산인가 본데 꿈도 꾸지 말라 하십시오!"

장 사장은 딱 잘라 거절했다. 유 사장은 예상했다는 듯 차분하게 말을 이었다.

"사람 사이에 원한이 있으면 안 되는 거라잖습니까. 원수끼리 사돈될 일 있을지 누가 압니까?"

"됐습니다!"

"장 사장. 내 얼굴을 봐서라도 한번 만나 봐요. 분명 후회하진 않을 테니…."

유 사장의 말을 들은 장 사장은 도무지 갈피를 잡을 수 없었다.

일주일 뒤, 노 사장이 무슨 속셈인지 장 사장을 저녁식사에 초대했다. 장 사장은 빈손으로 가기가 뭐해 30년 된 프랑스산 고급 와인을 한 병 들고 갔다. 술이 오가고 분위기가 무르익자 노 사장이 본심을 드러냈다. 그는 장 사장의 어깨를 토닥거리며 말했다.

"사실 우리가 타이완에서는 그래도 알아주는 사람들 아닙니까. 굳이 너 죽고 나 살자 식으로 경쟁해서 다른 사람 좋은 일 할 필요 있나 싶습니다. 요 근래 유럽의 큰 회사에서 주문이 들어왔는데 규모가 꽤 커요. 저 혼자는 할 수 없고, 제가 알기로는 장 사장 회사도 단독으로는 맡기 힘들 것 같더이다. 그러면 분명히 그건은 한국 회사로 넘어갈 텐데요. 제가 이미 유럽의 그 회사에 말해놨습니다. 믿을 수 있는 회사가 있는데 그 회사와 공동으로 진행하면 더 좋은 결과를 얻을 수 있다고요. 같은 규격과 디자인으로 품질은 똑같이 관리할 자신도 있다고 했어요. 문제가 생기면 제가 다 책임지는 걸로 하고요."

노 사장이 다시 한번 토닥거리자 장 사장은 고개를 돌리고 비꼬는 듯한 말투로 말했다.

"아니, 여기저기 저희 회사 물건 꼬투리 잡고 다니시던 분이 웬일이십니까. 그뿐인가요. 우리 회사 직원 하나 꾀어내 고객 네 곳이나 가로채 가셨잖습니까."

"이런!"

노 사장은 손을 내저었다.

"장 사장이 뭔가 오해하신 듯합니다. 강 씨 말씀하시는 거죠? 저는 그 이가 불쌍해서 거두어준 것뿐입니다. 유 사장 말씀 들으셨죠? 저 이미 그 사람 입단속 단단히 시키고 있습니다. 어디 가서 함부로 이 말 저 말 하지 말라고 단단히 주의를 주었습니다."

"그럼 좋습니다!"

장 사장은 앞에 있는 탁자를 힘 있게 내려쳤다.

"같이 합시다! 하자고요! 그런데 한 가지 조건이 있습니다."

"말씀하십시오."

"같이 일하기 전에 강 씨부터 내보내십시오."

노사장은 연신 고개를 끄덕거렸다.

"그럼요, 그럼요! 저도 벌써부터 그 사람이 눈에 거슬렸습니다. 내일 당장 내쫓도록 하겠습니다!"

 숨겨진 진실 엿보기

노 사장은 왜 강 씨가 눈에 거슬렸던 걸까?
강 씨 덕분에 미국 대기업의 주문도 수주했고, 또 미국의 주문을 수주한 것을 기반으로 유럽 큰 회사에서도 주문을 해오지 않았는가. 게다가 강 씨는 장 사장의 회사에서 비밀 자료를 몰래 빼내와 장 씨의 오랜 거래처였던 회사들도 모두 노 사장의 회사 쪽으로 옮겨가게 한 공도 세웠다. 경쟁관계였던 장 사장의 회사를 앞지를 수 있었던 것도 강 씨의 활약 덕분이었다.
하지만 당신이 노 사장이었다면 강 씨에게 그리 관대할 수 있겠는지 한번 생각해 보자.
우리는 통상적으로 '항복'과 '배반'을 비슷한 개념으로 받아들이고 있지만 사실은 전혀 그렇지 않다. '항복'이란 상대방을 이길 수 없을 때 목숨만은 보전하기 위해서 하는 행위이다. 지극히 인지상정人之常情인 행위이고 따라서 수치스러울 것도 없다.
하지만 '배반'은 전혀 다른 개념이다. 이것은 승부가 결정되기도 전에 '두 마음'을 품는 행위이다. 이것은 수치스럽다 아니다의 문제가 아니다. 그런 행동을 한 사람은 충성심이 부족한 비열한 인간이다.

강 씨는 장 사장에게서 쫓겨났기 때문에 노 사장 쪽으로 간 게 아니냐고 강 씨를 동정할 수도 있다. 만약 그렇다면 강 씨도 밥은 먹고 살아야 하니 그렇게 크게 비난할 일만은 아닐 것이다. 문제는 강 씨가 '항복'한 이후에 다시 '배반'을 했다는 데 있다. 강 씨는 장 사장 회사의 기밀을 빼내와 노 사장에게 넘겼고, 심지어 그것을 이용해 고객들을 몰고 다니기까지 했다. 이것은 '배반'의 행위이다.

강 씨의 공로에도 불구하고 노 사장은 그를 넋 놓고 좋아할 수만은 없었다. 적을 배반하고 자신에게 온 배반자를 믿을 수 없는 것은 어쩌면 너무도 당연한 일이다. 원래의 주인을 배반한 사람이 새로운 주인을 향해 칼을 뽑지 않는다고 누가 장담할 수 있겠는가?

🐌 '이직의 윤리'는 살아 있다

통계에 따르면 기업의 평균 수명이 십년 전의 5분의 1밖에 되지 않는다고 한다. 기업이 망하지 않고 계속 유지가 된다 해도 기업은 살아남기 위해 경영방식과 경영진 등의 문제를 놓고 수차례의 변화를 겪을 수밖에 없다.

전에는 '한 직장에 뼈를 묻는다'는 표현을 자주 썼지만 지금은 이직이 대세가 되어 버렸다. 이직을 하는 사람들은 경력을 살리기 위해 동종업계로 옮기는 경우가 대부분이다. 더 높은 연봉과 발전을 위해 이직을 하는 것은 이제 자연스러운 일이지만, 그렇다고 '배반'의 행위가 용납되는 것은 아니다. 만약 이직을 결심한 모든 사람이 근무하던 회사의 정보를 몰래 빼돌려 그것을 새 직장에 바친다면, 이 사회에 직업윤리라는 것은 존재할 수 없을 것이다.

적이 아군이 될 때 배신자가 설 자리는 없다

만약 열심히 근무하던 직장에서 퇴출된다면 누구라도 원망이 생길 수 있다. 그래서 우리 주변에는 강 씨처럼 다른 회사로 가서 전에 다니던 직장과 상사들을 모두 적으로 만드는 사람들도 심심치 않게 눈에 띈다.

하지만 이것을 알아야 한다. 기업합병과 정당통합이 더 이상 아무렇지도 않은 시대에는 노 사장과 장 사장의 회사처럼 원래는 앙숙이었던 기업들도 상황에 따라서 얼마든지 아군이 될 수 있다는 것이다. 오랜 시간 서로 물고 뜯었던 정당도 대화합을 이뤄야 하는 상황에서는 정당 대표들의 미소 하나로 얼마든지 친구가 될 수 있다. 그리고 이렇게 적군끼리 서로 화합하는 때가 오면 배신자는 더 이상 설 자리가 없어진다.

사냥철이 끝나면 아무도 사냥개를 보살피지 않는다

'토사구팽兎死狗烹'이라는 사자성어가 있다. 토끼를 모두 잡고 나면 토끼를 잡던 사냥개도 필요가 없어져 주인이 모두 삶아 먹어버린다는 뜻이다. 그런데 이 토사구팽에는 또 다른 의미가 있다. 바로 더 높은 이익을 위해 '어쩔 수 없이' 개를 희생시킨다는 뜻이다.

예를 들어보자. 집에 여자 친구를 데리고 왔다. 그런데 집에서 키우는 강아지가 질투심 때문인지 여자 친구만 보면 무섭게 짖어댄다. 강아지를 아무리 달래 봐도 전혀 달라질 기미조차 보이지 않는다. 이것이 반복되자 드디어 여자 친구가 화가 났다. 강아지를 집에서 내보내지 않으면 다시는 집에 오지 않겠다고 한다. 당신은 누구를 선택하겠는가? 나는 주변에서 이런 경우를 몇 번 봤다. 그 사람들은 친척, 연인, 환자를 위해서 결국은 어쩔 수 없이 강아지를 다른 집에 보냈다.

다른 예를 들어보자. 내 친구 녀석 하나는 선거가 있을 때마다 자신이 지지하는 후보를 위해 열성을 다했다. 과격하기로 따지

자면 후보 본인보다 몇 배는 더한 것 같다. 그가 지지하는 후보들에게 그는 굉장히 인기가 좋다. 선동력이 뛰어나기 때문이다. 하지만 이해가 안 되는 것이 있다. 그가 지지하던 후보가 당선이 되면, 당선자가 슬슬 친구를 피하기 시작한다는 점이다. 당선되면 잘 봐주겠다던 약속도 지켜진 적이 없다. 왜 그럴까?

바로 선거가 이미 끝났기 때문이다. 선거가 끝나면 모든 것은 처음으로 되돌아간다. 낙선한 사람은 당선자에게 축하의 인사를 보내고, 당선자는 낙선자에게 위로를 보냄으로써 분위기는 급반전된다. 하지만 친구 녀석은 아직도 이를 악물고 상대방을 적으로 취급하고 있다. 상대방 역시 선거운동 중에 그 친구가 했던 거북한 말들을 모두 기억하고 있기 때문에 그 친구가 눈엣가시일 수밖에 없다.

문제는 친구가 지지하던 당선자이다. 화해분위기를 조성해야 하는 책임감을 떠안고 있는 당선자는 낙선자에게 선거운동 기간 중 했던 말들은 '그 사람(친구 녀석)' 혼자만의 의견이고, 자신이 생각해도 좀 지나쳤다고 둘러대는 것이다.

사냥철이 끝나면 아무도 사냥개를 보살피지 않는다!

산은 그대로지만 산길은 얼마든지 변한다.

중국 민가民歌 작곡가인 왕낙빈王洛賓 선생이 한 말이 있다.

"무엇이 좌파이고 무엇이 우파인가? 거울을 왼쪽으로 조금만 돌리면 금세 좌파가 되어버리고 거울을 오른쪽으로 조금만 돌리면 또 금세 우파가 되어버리니 말이다."

현대를 사는 사람들은 변화하는 상황에 민감해질 필요가 있다. 앞의 이야기처럼 노사장이 갑자기 강 씨를 입단속시키면 그것은 바로 풍향이 180도 변했다는 의미이기 때문이다.

정치활동도 이와 마찬가지다. 당의 우두머리가 상대정당에 밀사密使를 파견하여 내통하고, 공격적이었던 어조가 상당 수준 누그러진다면 당신도 앞만 보고 돌진하는 행동은 거기서 멈춰야 한다. 눈치 없이 행동했다간 분위기가 급반전된 후 당신이 설 자리를 잃고 말 것이다.

당신이 다니던 직장을 그만두고 다른 직장으로 옮겼는데 두 회사가 치열한 경쟁관계에 있다면 더더욱 말조심하라! 옛 직장에 대한 정당한 비평은 괜찮지만 경멸이나 저주하는 듯한 언행은 삼가야 한다. 동종업계라는 '동네'는 어디나 섬마을처럼 작은 법이다.

내일 지형이 어떻게 변할지는 아무도 장담할 수 없다. 산은 변하지 않지만 산길은 언제든지 변할 수 있다. 따라서 내일의 자신을 위해 언제든지 뒤로 한 걸음 물러날 수 있는 여지는 남겨 놓아야만 한다.

사회생활에서 영원한 적은 없다.
최소한의 직업윤리를 지키지 못하면
결국 스스로 설 자리를 잃고 업계에서 외면당하게 된다.

2

속임수가 있는
미끼를 물지 말라

사기

상술

포장

# 사기,

**탐욕과 자만은
간교한 자들의 먹잇감이다**

사냥꾼은 기러기를 잡기 위해
호수에 가짜 기러기를 띄운다

유화평 부부는 옥문관玉門關과 한장성漢長城 유적지를 거쳐, 오후 3시가 되어서야 그토록 와보고 싶던 양관陽關에 도착했다. 부부는 차를 고성 바깥쪽에 세워 놓고 한당문화성漢唐文化城으로 들어가는 표를 끊었다. 안에는 수많은 관광객들이 옛 시대의 복장과 투구, 갑옷 등을 빌려 입고 사진을 찍고 있었다. 그 한편에는 옛 관원 옷을 입은 남자가 앉아 커다란 책의 책장을 넘기고 있었다.

관광가이드는 유화평 부부에게 달려와 이름을 묻고 관원 복장을 한 남자에게 이름을 알려주었다. 남자는 종이 두 장에 부부의 이름을 쓰고 쾅 소리를 내며 큰 도장을 찍었다. 가이드는 종이를 받아 유화평 부부에게 건네주었다.

"이건 증명서예요. 옛날에 양관을 통해서 서역으로 가고자 하는 사람은 모두 다 이것을 신청해야 했죠. 기념으로 보관하시라고요. 두 분이 양관에 방문하셨다는 증명서입니다!"

가이드는 유적지로 통하는 문으로 부부를 안내했다. 밖으로 나가자 드넓은 황야가 나타났다. 그리고 고물 지프차도 한 대 보였다.

"어서 타세요. 이 차가 두 분을 모시고 양관을 구경시켜드릴 겁니다."

부부가 탄 차는 흔들거리며 앞을 향해 나아갔다. 좌우로 비틀비틀하면서 큰 언덕길을 오르자 멀리 정자와 정자를 이어주는 긴 복도가 보이기 시작했다.

"저게 장정長亭입니다."

가이드는 웃으며 흙으로 뒤덮여 있는 산 주변을 가리켰다.

"보세요. 저기가 바로 양관 유적지입니다. 역사학자들의 고증에 따르면 저기가 중심지였다고 합니다."

유화평 부부는 정자에 올라 이곳저곳을 둘러보았다. 위쪽은 양관, 아래쪽은 하곡河谷이었다. 아무것도 없는 거친 벌판만 보이는 것이 마치 고비사막을 지나온 것만 같은 기분이었다.

"저 쪽이 서쪽입니다. 옛날에 양관을 떠나는 사람들은 모두 저 곳을 향해 갔죠."

가이드가 말을 마칠 때쯤 갑자기 북쪽에서 큰 바람이 일면서 황사가 날리기 시작했다.

"이런! 또 황사바람이 부네요."

가이드는 두 사람을 차에 태웠다. 차는 언덕 아래로 빠르게 질주했지만 바람보다 빠르지는 않았다. 《아라비아의 로렌스》에서 나 봤던 거대한 모래바람은 부부가 탄 차를 순식간에 삼켜버렸다. 차 안에 네 사람은 완전히 흙으로 덮여 토인이 되어 있었다. 그들이 탄 차는 덮개가 없는 오픈형 지프였다.

문화성으로 돌아온 부부는 화장실부터 들어가 얼굴에 묻은 흙을 연거푸 씻어냈다.

"두 분은 그래도 운이 굉장히 좋으신 거예요! 며칠 전에 불었던 황사바람은 얼마나 센지 한 치 앞도 안 보일 정도였으니까요."

가이드는 얼굴을 닦아내며 두 사람을 향해 미소를 지어보였다.

"하지만 이 지역 사람들은 모두 이 황사바람을 좋아한답니다."

"흥, 그게 말이 됩니까?"

유화평은 귓구멍에 들어간 모래를 끄집어내며 투덜거렸다.

"정말이에요. 이곳 사람들은 황사바람이 한 차례 지나가면 봉화대와 고장성古長城을 향해 마구 달려가죠."

"왜요?"

유화평의 부인이 호기심에 물었다.

"좋은 물건이 있으니까요."

가이드는 마치 신비로운 이야기라도 하려는 듯 눈썹을 찡긋 움직였다.

"아까 같은 거친 바람이 지면을 한 번 신나게 쓸어주면 안에 묻혀 있던 진귀한 골동품들이 모습을 드러낸답니다. 어떤 사람들은 비싼 옥이나 금으로 만든 동전 같은 것을 줍기도 해요. 그 금동전은 저도 본 적이 있어요. 순금이더라고요! 게다가 외국의 동전이었어요. 아마 로마의 것인 것 같았는데 만약 그렇다면 그건 양관을 떠난 사람들이 이탈리아까지 여행을 했었다는 증거겠죠."

유화평은 조금 전 몸으로 직접 체험한, 바람에 휩쓸리던 엄청난 양의 모래를 떠올려 보았다. 그러자 가이드의 말이 납득이 갔다. 유화평은 눈을 동그랗게 뜨고 창밖의 모래벌판을 쳐다보았다.

가이드는 화장실에서 나온 유화평 부부를 돌전시관으로 안내했다. 전시된 것들은 모두 사막에서 발견된 기암괴석들이었는데 규화목硅化木이 가장 많았다. 그 밖에 억만 년 동안 바람이 모래를 몰고 와 다듬어서 형성되었다는 풍려석風礪石도 있었다.

유화평은 돌을 수집하는 데 관심이 많았다. 그는 부인이 입구에서 재촉하는 것도 아랑곳하지 않고 전시된 돌들을 하나씩 주의 깊게 살펴보았다.

"괜찮은 물건이 하나 있는데 보시겠수?"

유화평의 귓가에 떨리는 목소리가 들려왔다. 깜짝 놀라 뒤를 돌아보니 언제 곁으로 다가왔는지 한 할머니가 눈에 들어왔다. 유화평은 본능적으로 고개를 가로저었다. 하지만 할머니는 아랑곳하지 않고 작은 목소리로 말했다.

"며칠 전에 황사바람이 거칠게 일었다우. 이건 그때 발견된 보물이야."

그러고는 멀리 서 있는 가이드의 눈치를 보는지 몇 번을 힐끗거리더니 종종걸음으로 뒤로 물러났다. 유화평은 귀가 솔깃했다. '황사바람? 보물?' 가이드가 했던 말이 생각난 유화평은 바로 할머니 뒤를 따라갔다.

전시실 한쪽의 조그만 문을 열고 나가자 제대로 관리가 되지 않은 것 같은 작은 정원이 나왔다. 할머니는 정원 뒤쪽의 한 나무 그루터기 안쪽으로 들어가더니 보자기로 싼 무엇인가를 가슴에 끌어안은 채 다시 바깥쪽으로 나왔다. 서둘러 사방을 살펴본 할머니는 민첩하게 보자기의 한 귀퉁이를 풀어보였다. 단지 모양의 도자기였다. 할머니는 다급한 듯 떨리는 목소리로 유화평에게 물었다.

"굉장히 값나가는 물건이야. 한장성 유역 아랫부분에서 발견해낸 거라우. 사시겠수? 100만 원만 주쇼."

"할머니, 지금 저한테 그만한 현금이 어디 있습니까. 너무 비싸요."

유화평은 물건을 바라보며 말했다. 할머니는 주변을 살피며 다시 떨리는 목소리로 물었다.

"그럼 얼마에? 아, 빨리!"

유화평은 지갑을 꺼냈다. 탈탈 털어도 40만 원 정도밖에 되지 않았다.

"얼마나 있수?"

"얼마 없어요."

유화평은 돈을 세기 시작했다.

"자, 그럼 그거 다 줘요. 내가 손해 보는 셈 치고 줄게. 오늘 아주 제대로 운 좋은 줄 아쇼."

할머니는 유화평이 가진 40만 원 남짓한 돈을 뺏듯이 가져가더니 보자기에 싸인 물건을 유화평의 가슴에 덜컥 넘겨 주었다. 그러고는 정원 뒤쪽으로 유유히 사라졌다.

'와우, 정말 괜찮은 물건 같은데!'

유화평은 차 안에서 계속 보자기 한 귀퉁이를 몰래 펼쳐보았다. 그러다가 옆에 앉은 부인의 소매를 잡아끌며 말했다.

"당신도 좀 봐봐!"

"됐어요. 당신이 속은 거라니까요! 내가 보기에는 3만 원도 안 될 것 같은데."

부인은 냉랭하게 받아넘겼지만 숙소에 들어오자 물건을 이리

저리 살피는 것이 제법 마음에 드는 듯했다.

이튿날, 부부는 그 다음 날 비행기를 타기 위해 큰 가방에 짐을 싸기 시작했다. 처음에는 할머니에게 산 도자기도 그 사이에 끼워넣었다. 그러나 왠지 도자기가 상하지는 않을까 걱정이 되어 다시 물건을 꺼내 손으로 직접 들고 가기로 결정했다. 하지만 손으로 들어도 어쨌든 도자기를 안전하게 보호해줄 상자가 필요했다. 그리고 상자가 있다 해도 복잡한 문제가 남아 있었다.

"듣자하니 골동품을 몰래 운반하다 걸리면 그거 구속감이라는데, 그러면 어떻게 하지?"

유화평이 걱정스런 표정을 짓자 부인이 말했다.

"그럼 1층에 예술품 파는 가게로 가서 도자기 담는 상자를 하나 얻어 와요. 만약에 세관에서 걸리면 복제품이라고 속이면 되잖아요. 예술품 가게에서 복제품 산 거라면서."

역시 유화평의 부인은 그보다 한 수 위였다. 부인은 도자기의 크기를 이리저리 살핀 후 남편과 함께 1층으로 내려갔다.

예술품을 파는 가게는 무척 시끌벅적했다. 반탄비파反彈琵琶와 비천飛天상에서부터 당삼채, 옥 조각품, 실크, 카펫에 이르기까지 다양한 물건이 진열되어 있었다. 그 한쪽에는 도자기 코너가 있었다. 주인에게 상자를 얻으려던 유화평의 부인은 갑자기 동상이 된 것처럼 멈춰 섰다. 남편이 영문을 몰라 하자 부인은 허탈한 얼굴로 코너의 가장 아래쪽을 가리켰다. 거기에는 할머니에게 산 것과 완전히 똑같은 도자기가 2만 3,000원이라고 적힌 가격표 뒤에 진열되어 있었다.

"내가 뭐라 그랬어요? 3만 원도 아깝다고 그랬지?"

숨겨진 진실 엿보기

유화평은 도자기 코너의 물건들을 보는 순간 할 말을 잃었다. 자신이 40만 원을 주고 산 도자기와 틀림없이 똑같은 물건들이었기 때문이다. 문제는 내일 아침이면 바로 비행기를 타야 한다는 것이다. 유화평은 그 길로 차를 타고 수백 킬로미터를 달려 양관유적지의 그 노인을 찾으러 갈 수 있을까? 설사 가서 노인을 찾아냈다 해도 그다음은? 그 노인과 은밀한 거래가 있었음을 증명할 수 있는 방법이 과연 있을까? 설령 그것을 증명해내 돈을 다시 받아온다고 해도, 차비로 길에 뿌린 돈과 하루 더 묵은 숙박비, 거기에 시간과 체력에 대한 소모까지 다 따진다면 그 역시 손해가 이만저만이 아니다. 그래서 이런 일을 겪은 사람들 중 대부분이 하는 수 없이 거기서 그만두는 것이다.

횡재를 바라는 사람은 사기를 당해도 동정받지 못한다

만약 유화평의 부인이 그날 저녁 예술품 가게에 가지 않았다면 어떻게 되었을까? 부부는 도자기를 신주단지 모시듯 가슴에 품고 와서는 그날로 그것을 집안의 가보로 지정했을지 모른다. 그러고는 평생 그 도자기를 보고 즐거워하며 자신들이 크게 한 몫 벌었다고 착각할지도 모른다.

'우연한 기회'에 운 좋게 한 몫 잡았다고 좋아하는 사람들에게 찬물을 끼얹고 싶지는 않지만, 그 '우연한 기회'의 대부분은 사실 우연이 아니다. 그것들은 대부분 뒤늦게 '사기'로 판명난다.

이런 종류의 사기를 당했을 때 문제점은 어디에도 하소연을 할 수 없다는 것이다. 욕심 때문에 사기를 당하면 누구에게도 동정받지 못한다. 애초에 가짜 골동품을 샀던 사람은 무지한 농민의 덕을 보려 했거나, 벼룩시장 한 귀퉁이에 있던 노점상의 덕을 보려 했거나, 어느 대부호의 불초한 자식의 덕을 보려고 했을 것이다. 결국 배우지 못하고 불쌍한 사람들을 이용하려고 한 것이다. 이런 사람들은 아무리 사기를 당했다고 해도 도무지 동정할 수가 없다.

또한 횡재를 바랐다가 사기를 당한 사람들은 법으로도 보호받지 못한다. 만약 유화평이 겨우 40만 원에 정말 한漢나라 때의 골동품을 샀다면 그것은 명백한 위법행위다. 그렇게 출토된 문물들은 당연히 국가의 소유가 되어야 마땅하다. 법의 울타리를 벗어나면 법의 보호도 받지 못한다. 사기꾼들은 상대가 위법을 저지르게 되면 함부로 자신을 고소할 수 없다는 사실을 잘 알고 있다.

뛰는 놈 위에 나는 놈 있다

사기를 당하는 사람들 중에는 자기 자신은 똑똑하고 다른 사람은 모두 자기만 못하다고 생각하는 사람들이 꽤 있다. 그러나 '뛰는 놈 위에 나는 놈 있다'는 말이 있다. 사기꾼들은 횡재를 바라는 사람들의 심리를 이용한다. 그리고 그들 스스로 자신이 똑똑하다고 생각하는 맹점을 노리고 일을 벌인다. 그들은 아주 적은 자본으로도 크게 한몫 챙기는 데 능하다. 또 때에 따라서는 집단으로 일을 꾸미기도 한다.

이제 골동품 사기의 고전적인 레퍼토리를 하나 소개하겠다.

당신이 한 호텔에 숙박을 하게 됐다. 어느 날 호텔의 로비에서 금속이나 돌에 그림을 새겨 넣은 물건을 파는 상점을 보았다. 상점에는 갖가지 기암괴석이 즐비하게 진열되어 있고 뒤쪽에 금석金石전문가라는 사람이 앉아 있다. 구경이나 좀 할까 하는 생각에 상점으로 가까이 다가갔는데, 뒤에서 농사꾼처럼 보이는 한 사람이 다가와 낮은 목소리로 속삭인다.

"막 출토된 골동품이 있는데 한번 보고 사시겠수?"

당신이 망설이고 있는 동안 그 농사꾼은 등에 멘 가방에서 물건 하나를 꺼내 당신에게 내보인다. 이때, 금석전문가라는 그 사람이 뒤에서 그 물건을 보더니 손을 내저으며 말한다.

"이 사람이! 이거 가짜잖아. 나가시오! 다시는 여기 와서 사람들 속일 생각 하지 마쇼!"

그러자 그 농사꾼은 놀란 듯 얼른 물건을 가방에 챙겨 넣고는 금석전문가를 한번 흘겨보더니 이내 호텔을 떠났다. 그 일을 계기로 당신과 금석전문가는 수순처럼 그 자리에서 이야기를 주고받게 되었다.

한번 생각해 보자. 그 사람은 금속과 돌에 관해서는 전문가이다. 상점 안 책꽂이에는 금석에 대한 전문서적이 빽빽하게 꽂혀 있고 가게 안에는 관련 상품뿐이다. 그 사람이 전문가라는 것은 의심의 여지조차 없는 사실이다. 게다가 그 사람은 방금 전 그 골동품이 왜 가짜인지 하나하나 정확하게 분석하며 설명하고 있다. 들으면 들을수록 놀라움에 입이 딱 벌어지고 그때 당신을 도와준 것이 얼마나 고마운지 모르겠다. 그 사람이 가짜라는 것을 알려주지 않았더라면 말 그대로 사기를 당할 뻔하지 않았는가.

그다음 날 당신이 엘리베이터에서 내리려는 순간, 또 한 남자가 당신에게 접근해 온다. 그러고는 꽤 값이 나가는 물건이 있는데 한번 보겠냐며 말을 건넨다. 때마침 그 금석전문가가 나타나더니 어디서 수작이냐고 남자를 몰아붙인다. 그때 남자의 가슴에 안긴 물건을 본 금석전문가가 흠칫 놀라더니 물건을 좀 자세히 보자고 한다. 물건을 이리저리 살펴본 전문가의 눈에서 빛이 나기 시작한다.

"음, 이건 정말 물건인데요."

전문가는 누가 들을까 작은 목소리로 말한다.

"이건 정말 값 좀 나가겠는데요. 이런 건 흔하지 않거든요."

그러더니 당신을 한 쪽 구석으로 데리고 가서는 이렇게 말한다.

"저 물건 안 사실 건가요? 안 사실 거라면 제가 살게요."

🎩 자만하다가 큰코다치는 사람들

결과는 어떻게 됐을까?

아마 여러분은 결과를 짐작하고도 남을 것이다. 어떤 관광객은 지갑을 탈탈 터는 것도 모자라 은행에 가서 돈을 더 찾아와 그 값어치 나간다는 물건을 사고야 말 것이다. 더 나아가 물건의 진위를 가려준 전문가에게 '보답' 하기 위해 그 사람의 가게에서 물건을 사주기까지 했을 수도 있다.

사기꾼들은 횡재를 바라는 사람들의 심리를 이용한다. 그들은 사람이 욕심이 생기면 자제력과 이성을 잃는다는 것을 누구보다 잘 알고 있다. 거기에 상대가 자만심까지 가지고 있다면 완전히 그들의 '밥' 이 된다. '감히 날 속일 수 있겠어?' 하는 생각이 들 때가 가장 위험하다. 차라리 아무것도 모른다면 오히려 사기를 잘 당하지 않는다. 왜냐하면 문외한들은 상식의 힘을 더 믿기 때문이다.

누군가 내게 횡재의 기회를 주겠다고 말한다면 일단 의심해 보라! 가만히 생각해 보면 말이 되지 않는다. 왜 그 좋은 기회를 자기가 갖지 나에게 준다는 건가? 상식적으로 뭔가 이상하지 않은가?

어설픈 관련 지식을 가지고 박사 행세를 하는 사람들은 오히려 쉽게 속아 넘어가곤 한다. 어설픈 지식을 가진 사람은 맞장구를 쳐주기 쉽고, 관련 지식을 이용해 물건을 그럴 듯하게 포장하기도 쉽기 때문이다.

게다가 요즘은 최신의 과학기술을 사용해 감쪽같이 눈속임을 한다.

고온과 고압을 이용해 탄소를 인위적으로 다이아몬드로 변형시키는 기술은 이미 눈부시게 발전했는데, 이렇게 만들어진 다이아몬드와 천연 다이아몬드는 거의 구별이 되지 않는다. 또 조개핵에다가 조개에서 추출한 코팅액을 입혀 만든 진주 역시 천연 진주와 거의 흡사하다.

수산석을 분쇄해 만든 석조물은 돌 자체의 질감표현까지 완전히 재현해낼 수 있다. 다 만든 다음 석조물을 만든 형틀의 흔적을 싹 깎아내고 거기에 정말 '조각'을 하듯 손으로 몇 번 다듬어내는 것을 보면 입이 쩍 벌어진다.

이러한 눈속임에는 전문가들조차 속아 넘어가는 실정이다.

옥을 인위적으로 가공해 만든 인공비취는 밝기와 투명도가 천연 비취와 비슷한데, 이것을 'B급'이라고 평가를 내리는 전문가들도 많다. 심지어 타이완의 한 금석전문가는 목판수인木版水印 복제 그림을 사온 적도 있다.

어설픈 박사도, 학위가 있는 진짜 박사도 욕심과 자만이 생기면 눈이 먼다. 세상의 모든 횡재를 바라는 사람에게 한마디 하고 싶다. 차라리 복권을 사는 게 나을 거라고.

욕심이 많고 잘난 척을 하는 사람일수록 속이기가 쉽다.
횡재수가 눈앞에 왔을 때,
그것이 간교한 자들의 미끼라는 것을 명심하라!

상술,

심리를 이용한 교묘한 상술에 현혹되지 말라

아가씨들한테만 특별히 깎아주는 거예요

"세상에! 벌써 836번째 계단인데 아직도 끝이 보이지 않아. 다른 코스로 내려올 걸 그랬나?"

"뭐 어쩔 수 없지. 그나마 우리가 산에 자주 다녀서 망정이지 안 그랬으면 지금의 절반도 못 내려왔을 거야."

등산로를 내려오던 청아와 수련은 허리를 굽히고 다리를 주물렀다. 그러다 고개를 든 수련이 탄성을 질렀다.

"와! 저기 과일 파는 노점상이 있네. 안 그래도 목마르던 참이었는데 잘 됐다."

긴 천막 아래로 네 개의 노점상이 자리를 잡고 있었다. 물이 많은 과일, 건과류 모두 있었다. 자두, 호두, 산사자(산사나무의 열매—옮긴이), 표고버섯 그리고 이름도 잘 알지 못하는 조그마한 열매들도 있었다.

"이건 소귀나무 열매라우. 굉장히 진귀한 거지!"

할머니의 금니가 가장 먼저 눈에 들어왔다.

"진귀한 열매요?"

청아는 열매 한 개를 집어 들며 수련을 바라보았다.

"어떻게 이렇게 작을 수 있지?"

그 말을 들은 할머니의 이마에 주름이 진하게 생겼다.

"작아야 좋은 거야. 이건 야생과일이야. 갈증 해소에는 그만이라고."

갈증을 해소한다는 말에 수련의 마음이 흔들렸다.

"얼마예요?"

"한 근에 6,000원."

"네? 6,000원이요? 너무 비싸요."

"비싸다고? 이런 물건은 흔하지가 않아. 색시들은 운이 좋은 편이라고."

할머니는 머리를 숙이고 호두를 까먹기 시작했다. 수련은 고민을 하다가 가방을 열어 지갑을 꺼냈다. 그때 아래서 청아의 목소리가 들려왔다.

"이리로 내려와 봐, 빨리!"

청아는 어느새 가장 아래쪽에 있는 노점상 앞에 가 있었다. 수련이 다가가자 청아가 속삭였다.

"여기가 훨씬 싸. 방금 내가 다 비교해 봤어. 똑같은 물건인데도 한 집 건너니까 값이 점점 싸지는 거 있지. 여기는 한 근에 4,000원이야."

"정말 똑같은 물건 맞아?"

"그렇다니까!"

"그런데 어떻게 그렇게 가격 차이가 나지?"

수련은 산 아래쪽을 쳐다봤다.

"혹시 산 아래로 내려가면 더 싼 거 아니야?"

그때 앞에 있던 노점상이 두 사람의 대화를 들었는지 끼어들었다.

"에이, 아가씨. 여기 네 집 말고 이거 파는 곳 없어요. 우리 가게가 가장 싸다니까. 다른 집 물건은 우리 것만 못해. 우리 물건이 가장 달기도 하고."

그러고는 열매 하나를 쑥 내밀었다. 청아가 먼저 한 입 깨물고 반쪽을 수련에게 건넸다.

"정말 달긴 다네. 아줌마, 한 근 주세요."

그 노점상은 몸을 굽혀 비닐봉투를 꺼냈다. 그때 아래에서 막 올라온 한 남자가 숨을 헐떡이며 소귀나무 열매를 집어 들었다. 남자는 상인에게 물었다.

"한 근에 얼마예요?"

"6,000원이요!"

상인은 고개도 안 들고 볼멘소리로 말했다. 수련과 청아는 멍하니 상인을 쳐다보았다.

"그렇게 비싸요?"

남자는 손에 있는 열매를 보더니 두 여자에게 물었다.

"맛있나요?"

"네… 달아요."

수련은 고개를 끄덕였다. 남자는 결정을 못하겠는지 한참을

망설인 끝에 결국 물건을 내려놓고 위쪽 노점상으로 올라갔다. 남자도 청아가 했던 것처럼 한 집 한 집 가면서 가격을 물어보는 듯했다.

남자가 저 멀리 가버리자 수련은 상인에게 물어보았다.

"왜 그렇게 가격을 비싸게 부르셨어요? 잘못 말하신 거 아니에요?"

"잘못 말하긴."

상인은 저울에 무게를 달며 두 사람을 보고 씩 웃어보였다.

"아가씨들이 너무 예뻐서 내가 특별히 싸게 준 거지!"

"어머, 진짜요?"

내색은 안 했지만 청아와 수련은 내심 기분이 좋아졌다.

"특별히 저희를 예쁘게 보셨다니까 두 근 더 살게요."

산에서 내려온 두 여자는 정류장 옆에 있는 작은 식당에서 국수를 먹었다. 식당을 나오자 하늘은 석양으로 붉게 물들어 있었다. 정류장에는 대여섯 명의 등산객들이 버스를 기다리고 있었다. 그중에는 노점상 앞에서 만났던 남자도 서 있었다. 서로 얼굴을 기억하고 있었기 때문에 세 사람은 간단히 인사를 나눴다.

남자는 수련의 손에 묵직하게 들린 소귀나무 열매를 보고 웃으며 말했다.

"그렇게 많이 사셨어요? 너무 비싸게 사신 거 아니에요?"

그러고는 자신의 손에 들려 있는 소귀나무 열매를 흔들어 보였다.

"그 집이 너무 비싼 거 같아서 저는 다른 집에 가서 다시 물어봤거든요. 같은 물건인데 거기선 얼마였는지 아세요?"

수련과 청아는 뭐라고 대답을 해야 할지 몰랐다. 남자는 크게 웃으며 말했다.

"저는 그 반대쪽으로 제일 끝 집에 있는 금니 낀 할머니한테 샀는데요, 글쎄 한 근에 4,000원밖에 안 하는 거 있죠. 그래서 싼 김에 두 근 사서 계속 먹고 이만큼 남았네요. 하하."

숨겨진 진실 엿보기

분명히 그 노점상은 두 사람이 미인이라 한 근에 6,000원 받아야 할 물건을 특별히 4,000원에 준다고 했다. 그럼 그다음에 온 남자는 얼굴이 못생겨서 6,000

원을 불렀다는 뜻인가. 만약 더 못생긴 사람이 오면 7,000원을 부를까? 세상에 그런 상인이 있다면 나부터라도 당장 성형수술을 받고 싶다.

이 상황의 핵심은 당연히 얼굴이 아니다. 진실은 좀 더 복잡하다. 이 일화는 내가 직접 경험한 이야기다. 그 당시 나는 그 노점상들 근처에서 상인들의 행태를 계속 관찰하고 있었다. 그러다가 뭔가를 발견했다!

장사는 물건을 사게 되는 사람들의 심리를 알고 있다

산 위에는 모두 네 곳의 노점상이 있었다. 산 아래에서 올라온 사람이라면 누구나 다 첫 번째 노점상에서 비싼 가격을 들을 것이다. 여기선 흥정이라는 것도 없다. 하지만 한 집 한 집 위로 올라갈수록 가격은 점점 싸진다. 반대로, 산꼭대기에서 내려오는 사람이 첫 번째로 지나치는 노점상에서 가격을 물어본다면 가격은 순식간에 다시 비싸질 것이다. 그래서 '가격비교'를 좀 할 줄 아는 사람들은 결코 첫 번째 노점상에서 물건을 사지 않을 것이다.

나는 4개의 노점상에 가격을 다 물어본 사람은 한결같이 가장 끝에 있는 노점상에서 물건을 산다는 점을 발견했다. 가격이 가장 싼 곳이니 사는 사람의 입장에서는 횡재했다는 생각이 들었을지 모른다. 그런데 그게 정말 횡재일까?

물론 한 근에 6,000원 하는 곳과 비교한다면 4,000원을 주고 산 것도 예상치 못한 횡재이긴 하다. 또 등산객 중에는 가격비교조차 하지 않는 사람도 꽤 있었다. "한 근에 얼마죠?"라고 물어서 "6,000원이요."라고 하면 그 자리에서 당장 돈을 꺼내는 것이다. 그러면 상인은 4,000원에 물건을 팔았을 때보다 거의 두 배에 가까운 이득을 챙기는 게 된다.

이익을 챙기는 것은 첫 번째 상점만은 아니다.

어떤 등산객은 첫 번째 노점상에서 6,000원을 주고 한 근을 샀는데 나중에 옆집으로 갈수록 가격이 싸다는 사실을 발견한다. 그 사람은 일단 똑같은 물건을 비싸게 주고 산 것에 억울함을 느낄 것이다. 하지만 그와 동시에, 거의 절반밖에 안 되는 가격에 뿌리칠 수 없는 유혹을 느낀다. 그는 싼 김에, 그리고 비싸게 주고 산 것을 만회하기 위해 제일 저렴한 곳에서 두 근 정도를 더 사기도 할 것이다.

주식시장에도 이와 같은 상황이 있다. 주가가 높을 때 주식을 샀는데 갑자기 주가가 떨어지기 시작한다. 주식에 관심이 없는 사람들은 이럴 때 보통 두 가지 경우를 생각한다. 손실을 감수하고 주식을 팔든가, 다시 가격이 오르기를 기다리는 것이다. 하지만 어떤 사람들은 이때 또 다르게 행동한다. 주식을 팔기는커녕 오히려 대량으로 주식을 사들이는 것이다. 심지어 빚을 내면서까지 말이다. 주식이 떨어진 게 억울하기도 하지만, 동시에 가격 체감을 확실하게 느꼈기 때문이다.

'우와, 10만 원짜리 주식을 7만 원에 살 수 있다니 이게 웬 횡재야! 이게 바로 기회야.'

그들은 주가가 바닥을 쳤으니 조금 있으면 다시 오를 것이라는 기대감이 있고, 그러면 번 돈으로 먼저 본 손해를 만회할 수 있다고 생각한다.

하지만 문제는, 다시 대량으로 사들일 때의 가격이 가장 낮은 가격인지 그 누가 알 수 있느냐는 것이다. 그건 신도 알 수 없다. 만약 주식시장의 바닥을 확실하게 아는 사람이 있다면, 그는 이미 빌 게이츠보다 더 부자가 되고도 남았을 것이다.

장사에는 복잡한 이론이 숨어 있다

노점상의 규모가 작다고 해서 함부로 봤다가는 큰코다친다. 보잘것없어 보이는 작은 장사 속에도 복잡한 논리가 숨어 있다. 앞의 이야기는 그저 일상적인 예를 들어 설명한 것뿐이다.

또 내가 무슨 신경성 과민증이 있어 몰래 노점상을 관찰한 것이라고 오해하지는 말기를 바란다. 세계적으로 유명한 경제학자인 홍콩대학의 장우창張五常 교수도 정월대보름 저녁 홍콩의 거리에서 귤을 파는 노점상을 직접 운영하며 앞의 이야기를 경제학적 이론으로 증명해냈다.

그가 쓴 《귤 파는 상인의 말言》에 따르면, 그는 귤 한 박스에 1만 2,000원씩 200박스를 사들여 대보름 저녁, 유동인구가 많아지는 시간인 여덟 시에 물건을 팔기 시작했다. 장우창 교수는 세 명의 동료들과 함께 이 작업을 진행했다. 다음은 그가 쓴 내용이다.

'원가가 동일한 같은 상품을 다른 가격으로 판매하는 것을 가격차별화price discrimination라고 한다. 가격차별화는 경제학계에서 뜨겁게 논의되고 있는 주제이다. 만약 동시에 다른 가격으로 물건을 팔려면 우리는 각각 최대 지불의사가 다른 고객을 분산시키기 위해 노력해야 한다. 그리고 귤을 더욱 많이 팔려면 자신이 고객에게 제시하는 가격이 특가라는 점을 믿게 만들어야 한다. 만약 가격차별화가 없다면 상품의 원가도 채우기 어려울 것이다.'

장우창 교수는 길거리에서 직접 이 이론을 증명해냈다. 그들은 귤을 팔면서 가격을 올렸다 내렸다 하기를 반복했다. 시간대에 따라서 유동인구에 따라서 또 날씨상황에 따라서 비쌀 때는 한 박스에 2만 4,000원까지 올라갔고, 쌀 때는 한 박스에 원가보다 낮은 9,000원에 거래되었다. 하지만 세 시간 정도가 지나자 물건은 모두 동이 났다.

앞의 이야기에서 읽은 노점상의 가격변화는 결코 황당한 일이 아니다. 오히려 이론으로 중무장한 장우창 교수 실험팀의 가격변화는 더욱 변화무쌍했다.

작은 산열매를 팔거나 값싼 귤을 판다고 해서 상인들을 만만하게 봐서는 안 된다. 그들은 여러 가지 경제 이론을 몸으로 터득한 전문가들이다. 다만 그들은 논문을 쓰지는 않을 뿐이다.

🔔 부처님 손바닥 위의 손오공

물건을 사는 소비자들도 최소한 세 집 이상을 다니며 가격을 물어봐야 손해 보지 않는다는 것을 알고 있다. 하지만 이는 물건을 파는 사람 또한 알고 있는 사실이다. 그래서 많은 장사꾼들은 일부러 '세 집' 정도 판을 벌린다. 이것은 공공연한 비밀이다. 그래서 소비자가 열심히 이곳저곳 가격을 비교하러 다녀도 그 역시 모두 손오공이 부처님 손바닥 안에서 노는 것과 마찬가지일 수 있다는 이야기다.

앞의 이야기에서 네 곳의 노점상은 모두 장우창 교수의 경우처럼 배후에 한 명의 사장을 두고 있을 가능성이 높다. 만약 그렇지 않고 네 곳의 상인이 모두 개별적으로 장사를 하고 있다 해도 결과는 마찬가지다. 그들은 이미 어떤 계약을 통해 이윤을 똑같이 배분하고 있을 가능성이 농후하다. 경제학의 아버지이자 《국부론》을 쓴 애덤 스미스는 기업가들이 세 명만 모이면 담합을 시도하려는 경향이 있다고 말했다.

만약 그 네 곳의 상인이 서로 협조하지 않는다면 어떤 일이 벌어질까. 한 집은 6,000원을 부르는데 그 다음 집은 5,000원을 부르고, 그다음 집은 4,000원, 그 다음은 3,000원을 부른다면 그건 치열한 가격경쟁으로 제 살 깎아먹는 결과만 낳을 뿐이다. 나중에는 한 근에 2,000원도 채 못 건질 수도 있다. 그럼 모두 망하는 것이다.

반대로, 그들이 가격차별화를 통해 협력할 경우를 생각해 보자. 어떤 고객은 6,000원을 다 주고 물건을 살 수도 있고, 어떤 사람은 두 곳만 비교해 보고 5,000원에 물건을 살 것이다. 끝까지 가격을 다 비교해 본 고객은 4,000원에 물건을 사게 될 것이다.

결국 첫 번째 가게는 물건을 비싸게 팔아서 이익이고, 마지막 가게는 판매량을 늘릴 수 있어서 이익이다. 앞서 말했듯, 다른 곳과 비교해 물건 값이 싸다고 느낀 사람들은 싸기 때문에 물건을 사고, 이미 물건을 사 손해를 봤다고 생각한 사람들도 보상받고 싶어 하는 심정으로 또 물건을 구매할 수 있기 때문이다.

어쨌든 네 곳을 거쳐 물건을 산 사람들 중에서는 4,000원을 낸 사람이 가장 똑똑한 소비를 했다고 할 수 있다. 가장 싼 가격에 물건을 산 건 사실이니 말이다. 그런데 과연 그 4,000원은 적정가였을까?

'가격파괴', 과연 진실일까?

아마 여러분은 집 근처에 있는 상점에 갈 때, 주변에 경쟁가게가 없어서 물건을 더 비싸게 팔 것이라 생각을 한 적이 있을 것이다. 경제학의 기본은 수요와 공급의 법칙이니 틀린 생각은 아니다. 하지만 같은 물건을 파는 가게들이 집중적으로 몰려 있는 유명거리에 간다 해도 물건을 꼭 싸게 살 수 있는 것은 아니다.

그중 많은 가게들은 사장이 동일한 한 사람일 수도 있고, 그렇지 않다고 해도, 그들이 경쟁하듯 내거는 '세일'과 '가격파괴' 뒤에는 모종의 계약이 있을 수 있다. 말하자면 진정한 가격파괴는 아닌 것이다.

꼭 필요한 물건이라면 당연히 그것을 사야 한다. 하지만 단지 옆집보다 값이 싸다는 이유 때문이라면 쉽게 지갑을 열어선 안 된다. 가격대비 효과를 이용한 상술은 장사꾼들이 쳐놓는 고전적인 덫이다. 그들은 종종 1만 원짜리 물건을 1만 8,000원에 팔기 위해 3만 원이라고 적힌 가격표를 붙인다.

허름한 점퍼를 입은 상인들도 능수능란한 전문가들이다.
물건을 산다는 건 그런 전문가들과 대면하는 것이다.
돈을 쓸 때도 돈을 벌 때만큼 신중하라.

포장,

겉모습만 보는 사람은 진실을 보지 못한다

금박 무늬 소파의
비밀
"소蕭 사장이 온대요. 학郝 사장이라는 사람도 데리고 온다는대요."

왕 씨 부인은 전화를 끊자마자 남편에게 말했다. 왕 씨는 잠시 생각에 잠기더니 혼자서 중얼거렸다.

"학 사장? 그러니까 며칠 전에 신문에 나왔던 그 제화업계의 큰손 말인가?"

왕 씨는 고개를 들고 다급하게 부인에게 말했다.

"금박 붙이기로 했던 소파 다 완성됐어?"

"방금 다 했어요. 그런데 아직 끝마무리가 남았어요."

"빨리 마무리해서 가지고 나오라 그래!"

왕 씨 부인은 종종걸음으로 창고로 들어가 종업원을 불렀다.

창고라고 했지만 사실은 공장이나 다름없었다. 왕 씨는 기술자 세 명을 훈련시켜 유럽에서 들여온 골동품을 깨끗하게 수리하도록 했다. 최근 몇 년간 왕 씨는 이 사업을 통해 꽤 많은 돈을 벌어들이고 있었다.

왕 씨는 친구를 도우며 이 사업에 발을 들여놓게 되었다. 친구는 중국의 마호가니로 만든 가구를 수입해 팔았다. 그들은 중국의 시골마을에서 마호가니, 박달나무 등으로 만든 가구들을 사들였다. 그리고 현지의 기술자들에게 다 떨어져가는 문고리나 자물쇠, 부식된 부분 등을 깨끗이 수리하도록 만들었다. 또 얼룩이 진 부분도 다시 기름을 칠하고 문질러 새것처럼 가구를 만들어 타이완으로 들여왔다.

그런데 이 사업이 돈이 된다는 소문이 퍼지자 중국 사람들도 독자적으로 사업을 시작했다. 뿐만 아니라 타이완 내의 경쟁도 더 치열해졌다. 게다가 이제는 말레이시아의 골동품 가구상들도 이 사업에 뛰어들기 시작했다. 입지가 좁아졌다는 상황을 감지한 왕 씨는 재빨리 사업 방향을 틀었다.

그가 눈을 돌린 곳은 유럽이었다. 그는 중국에 투자했던 자본을 가지고 유럽으로 가 화물차를 몇 대 구입했다. 그런 다음에 그는 조그만 시골까지 구석구석을 누비기 시작했다. 어떤 때는 주택의 문도 두드려보지 않고 길거리에 차를 대놓고 있다가 사람들이 버린 오래된 책상이나 의자 등을 주워오기도 했다. 특히 저택의 주인이 죽으면 자녀들은 죽은 사람이 쓰던 물건을 경매에 내놓았는데, 그때는 정말 대박이 터지는 날이었다. 왕 씨가 유럽에서 구해온 물건은 화물차 몇 대로도 다 운반하기 힘들 정도였다. 결국 대형 컨테이너 두 개를 이용해 겨우 타이완으로 들여올 수 있었다.

'동서양의 미美의 기준이 차이가 있는 것일까?' 왕 씨는 종종 이런 질문을 했다. 지구 저쪽에서는 오래되고 촌스럽다고 버려진 물건이, 타이완 사람들에게는, 특히 돈이 넘쳐나는 사람들에게는 유럽황실의 보물이요 높은 지위를 상징하는 최고급품의 가구였다. 물론 여기에는 왕 씨의 포장술도 한몫했다.

왕 씨는 세 명의 기술공을 데리고 있었다. 그들은 중국 고古가구를 손질했던 경험을 살려 유럽에서 들여온 가구들을 확 바꿔 놓았다. 문지르고, 칠하고, 금박을 씌우고, 유럽산 비단을 붙여 완전히 새 가구로 만들었다.

"보세요. 이것은 가구가 아니라 예술품입니다. 정말 화려하고, 우아하고, 고급스럽지 않습니까?"

다행히도 차가 막히는지 소 사장과 학 사장은 아직 도착하지 않았다. 왕 씨 부인은 이마에 땀이 송글송글 맺힐 정도로 매장 안팎을 왔다갔다 했다.

"그런데 매장에 똑같은 가구 하나 있지 않아요?"

"그거랑은 좀 다르지."

"내가 보기엔 똑같은데. 둘 다 여섯 칸짜리고 영국에서 온 빅토리아잖아요. 뭐가 다른 건데요?"

"여기 꽃잎 문양엔 금박이 씌어져 있잖아."

왕 씨는 방금 창고에서 나온 금박 무늬 소파에 가격표를 붙였다. 부인은 가까이 가서 가격표를 보고는 흠칫 놀라며 소리쳤다.

"당신 미쳤어요? 저기 똑같은 게 2,130만 원인데 이거는 금박만 입혔다고 3,000만 원을 받겠다고요? 그럼 누가 사요?"

왕 씨 부인은 가격표를 바꾸라고 펄펄 뛰었지만 남편은 묵묵부답이었다. 게다가 남편은 직원들을 불러 2,130만 원짜리 소파 옆에 금박 무늬 소파를 옮겨 놓았다. 부인은 당장이라도 가격표를 떼어내고 싶었지만 때마침 소 사장 일행의 차가 창밖으로 보였다. 부인은 화를 꾹 누르고 입구로 나가 상냥하게 웃으며 손님들을 맞았다.

그야말로 '영양가' 있는 손님들이었다. 통 크기로 유명한 소 사장 부부는 물론이고, 제화업계의 큰손인 학 사장, 온몸을 명품과 보석으로 휘감은 그의 부인도 매장으로 들어왔다. 그리고 그 뒤로 학 사장의 친척으로 보이는 두 사람과 비서까지 들어왔다.

예순 안팎으로 보이는 학 사장은 한눈에 보기에도 소 사장과 친분이 두터운 것 같았다. 그는 소 사장을 가리키며 말했다.

"며칠 전에 내가 소 사장 집에 갔었거든. 거실에 있는 유럽 가구들이 괜찮은 것 같아서."

"골동 가구지."

소 사장은 장난스럽게 학 사장의 옆구리를 찔렀다.

"잊어버리지 말라고. 골동 가구!"

"맞아! 골동! 우리도 이제 골동품 아닌가? 골동품은 골동 가구에 앉아야지."

소 사장과 학 사장은 한바탕 웃음을 터트렸다.

"좋은 물건 좀 있으면 소개 좀 해봐요."

학 사장은 매장을 둘러보며 말했다. 왕 씨는 가게 입구에 있는 가구부터 일일이 산지產地, 제작 연대, 재료, 역사 등에 대해서 자세한 설명을 늘어놓았다. 왕 씨는 이 사업을 위해 유럽의 역사는 물론 유럽 가구사家具史까지 잠꼬대로 중얼거릴 정도로 외워 놓았다. 게다가 가구들은 그가 현지에서 직접 공수해 온 물건들이니 그곳의 풍토風土, 인정人情, 오래된 고성古城까지 언급하며 말에 기름칠을 했다. 청산유수 같은 그의 이야기를 들으면 누구나 고개를 끄덕이게 되었다. 학 사장 역시 고개를 쑥 내밀고 아래턱을 끄덕거리면서 왕 씨의 설명을 들었다.

가구 소개가 이어지다가 드디어 빅토리아 풍의 두 소파에 이르렀다.

"이건 정말 물건 중에 물건입니다."

왕 씨는 엄지손가락을 추켜세웠다.

"보기에는 다른 것들과 비슷해 보이는데."

학 사장은 좌우로 소파를 자세히 뜯어보았다.

"2,130만 원?"

학 사장의 부인은 한쪽 무릎을 꿇고 가격표를 본 뒤 놀란 듯 고개를 들어 물어보았다. 그러고는 그 옆에 있는 금박 무늬 소파 앞으로 건너가 가격표를 보고 더 놀란 듯 소리쳤다.

"3,000만 원?"

학 사장은 눈을 크게 뜨고 지켜보더니 소 사장을 보고 말했다.

"두 개가 비슷한데… 자네 보기엔 어떤가?"

소 사장은 이렇다 할 대답을 하지 못하고 왕 씨를 쳐다보았다.

"하하!" 왕 씨는 크게 웃었다.

"자, 그냥 보시기에는 아마 비슷해 보일 겁니다. 둘 다 최고로 좋은 물건이긴 하죠. 그런데…."

왕 씨는 일부러 말을 끊고 미묘한 표정을 지었다. 마치 '손님은 명품을 보는 안목이 없으시네요' 하는 무언의 신호 같았다. 손님들은 더 이상 아무것도 물어보지 않았다. 그저 이리저리 앉

아보며 소파를 살펴볼 뿐이었다. 학 사장은 조심스럽게 3,000만 원짜리 소파에 앉더니 꽃을 새겨 넣고 금박을 붙여놓은 등받이를 만져보았다. 그리고 꾸물거리며 왕 씨에게 물었다.

"좀 싸게 해주면 안 되겠소? 소 사장 소개로 온 거잖소. 얼마까지 줄 수 있소?"

왕 씨는 난처한 듯 '어휴!' 소리를 내며 아내를 쳐다보았다. 그녀는 왕 씨의 눈을 피하며 무겁게 말했다.

"당신이 하는 사업이니 당신이 알아서 하세요."

왕 씨는 '어휴!'를 연발하며 고개를 숙이고 고민에 잠긴 척 했다.

"사실은 말입니다. 유로화가 최근에 많이 올라서요."

그는 입술을 지그시 깨문 다음 소 사장을 쳐다보며 미소를 지었다.

"하지만 소 사장님은 저희 단골 고객 아니십니까. 저도 잘 봐주시고 하시니, 그럼 이렇게 하죠! 제가 2,700만 원에 드릴 테니 주변 분들에게 소개 좀 잘 해주십시오. 이보다 더 낮게 부르시면 그때는 저도 어쩔 수 없습니다."

"2,700만 원이라…."

학 사장은 가격을 되뇌며 왕 씨와 소 사장을 번갈아보았다. 두 손을 모두 등받이에 걸치고 있던 학 사장이 소리쳤다.

"좋소!"

숨겨진 진실 엿보기

금박 무늬 소파가 정말 2,700만 원의 가치가 있는 것이었을까?
아마 왕 씨는 웃음을 참느라 진땀을 흘렸을 것이다. 자기 부인까지도 남편이 약이라도 잘못 먹고 가격표를 잘못 붙인 줄 알았으니 말이다. 그것과 비슷한 다른 소파 역시 2,130만 원의 가치는 없다. 생각해 보라. 3,000만 원짜리 물건이 한순간에 2,700만 원으로 가격이 내려갔는데 2,130만 원짜리라고 가격할인이 안 되겠는가? 계산해 보면 결국 학 사장은 570만 원 정도를 더 쓴 셈이다. 이렇게 된 이유는 간단하다. 바로 왕 씨가 '한 수 위'이기 때문이다.

당신이 나를 믿어주니 마음 놓고 속일 수 있지

우선, 왕 씨는 학 사장이 제화업계의 큰손이라는 사실을 알았고 또 단골인 소 사장의 소개로 온다는 사실을 알고 있었다.

둘째, 소 사장은 왕 씨 가게의 가구를 샀고, 만약 그 가구가 마음에 들지 않았다면 학 사장에게 가게를 소개시켜줬을 리가 없다.

셋째, 학 사장은 아마도 소 사장이 사간 그 가구가 마음에 들고, 부럽기도 해서 왔을 것이다.

넷째, 학 사장은 소 사장의 안목과 가격흥정 능력을 믿었다. 그래서 소 사장에게 소개시켜달라고 했을 것 아닌가.

마지막으로, 학 사장은 여러 사람들 앞에서 재력과 안목을 과시하고 싶어 했다. 친척으로 보이는 사람들을 데리고 온 것만 봐도 어깨에 힘을 주려고 했다는 걸 알 수 있다. 그리고 왕 씨가 다른 손님들에게 자신에 대한 이야기를 하고 다닐 것까지 염두에 둘 것이다.

이렇게 왕 씨는 그에 대한 정보를 가지고 있었다. 반면 학 사장은 골동품 업계의 내부 사정에 대해서는 아무것도 몰랐다. 거래든 협상이든 상대에 대한 정보가 많은 사람이 유리할 수밖에 없다.

왕 씨의 눈에는 학 사장이 모두 옷을 벗고 있는 것처럼 보였을 것이다.

🎩 돈을 쓰고 싶어 하면 돈을 쓸 상황을 만들어줘라

한마디로 왕 씨는 계략을 썼다. 하지만 대부분의 장사꾼들이 다 이렇게 장사를 한다. 그럴듯한 분위기와 상황을 만들어놓고 고객을 그 안에 빠뜨리는 것이다.

앞 장에서 살펴보았던 과일 파는 노점상 역시 그렇다. 고객이 이미 가격을 비교할 만큼 해봤다고 생각할 수 있게끔 일부러 네 곳의 노점상을 배치했다. 고객은 이리저리 비교를 해서 가장 싼 물건을 사니까 당연히 이익을 봤다고 생각할 것이다.

이 이야기에서 왕 씨는 또 다른 방법을 사용했다. 앞 장의 과일 노점상이 한 노점상과 다른 노점상을 비교했다면, 왕사장은 같은 가게 안에서 한 물건과 다른 물건을 비교한 경우다.

어쩌면 당신은 '어떤 바보가 비슷한 두 물건 중에 비싼 걸 사겠어요?'라고 물을지도 모른다. 하지만 학 사장이 이미 사지 않았는가! 학 사장이 산 것은 유럽에서 들여왔다는 금박이 붙은 골동가구이다! 즉 그것은 신분의 상징이요, 그 가구를 소유한 자신이 수준 높고 우아하다는 표시인 것이다. 이런 사람이 싼 물건, 보통 물건을 사려 하겠는가?

학 사장이 왕 씨의 가게에 온 행위 자체가 돈 좀 쓰려고, 또 돈

가지고 잘난 체 좀 하겠다는 심리에서 시작된 것이다. 만약 왕 씨가 내놓은 물건이 '충분히' 비싸지 않았다면 학 사장은 내심 자존심 상했을 것이고 그러면 소 사장 역시 체면을 잃었을 것이다.

감히 이 물건을 사겠다고? 그럼 나는 가격을 올리지

사업의 세계에서 '정가定價'란 공부할 것이 굉장히 많은 개념이다. 정가는 상품을 만드는 데 들어간 원가(싼 게 비지떡이라는 말은 이 때문이다) 이외에도 소비대상을 잘 살펴야 한다. 누구에게 상품을 팔 것인가도 중요하다는 이야기다.

어떤 과일이 많이 날 계절이 아닌데도 나무 밑에서 늦게 익은 과일 몇 개를 건졌다면 그것은 곧 비싼 값에 팔릴 수 있다.

간단하다. 수중에 돈이 있는데다 그 과일이 꼭 먹고 싶다면 제철이 아니라도 충분히 먹을 수 있다. 단, 비싼 가격을 각오해야 한다.

다른 예를 하나 더 들어보자.

상품 매대에 저렴한 펜들이 부지기수로 꽂혀 있는데 당신은 굳이 쇼윈도에 전시된 서양의 명품펜을 사고 싶다. 그 명품 펜은 펜대가 두껍고 무거워서 글씨를 쓰는 것 자체가 수월치 않다. 당연하다. 소위 '저렴한' 일반적인 펜이 몇억 개씩 공장에서 만들어져 나올 때 명품 펜은 몇만 개밖에 생산되지 않았기 때문이다. 몇억 개, 몇십억 개를 몇십 년 동안 계속 찍어내다 보면 소비자들의 불편사항이 점차 개선될 것이고, 만들면 만들수록 펜은 저렴하면서도 쓰기 편해질 수밖에 없다. 하지만 몇만 개만 생산되는 펜은 성능이 개선될 수 있는 기회가 적어지고 따라서 쉽게 낙오될 수밖에 없다.

이렇게 쓰기에도 불편한 펜을, 단지 그것이 명품이라는 이유만으로, 또 외장이 화려하다는 이유만으로 당신이 사려 한다면 그것은 단순히 그 펜으로 글을 쓰겠다는 뜻은 아닐 것이다. 신분과 지위를 나타내는 상징으로 펜을 구입하려고 하는 것이다. 당신이 굳이 그렇게 사겠다는데 비싼 값에 파는 것은 너무나 당연하다.

이런 명품 펜도 나름의 쓸모는 있다. 비록 글을 쓰기에는 불편하지만 억대를 움직이는 계약서에 서명을 할 때에는 잘 어울리긴 할 테니 말이다.

작은 물고기를 잡을 때는 지렁이를 쓰고, 대어를 낚을 때는 대하를 미끼로 쓴다. 이렇듯 상품의 소비층은 매우 중요하다. 그래서 장사꾼들은 물건을 팔기 전에 먼저 고객의 '지위'를 고려한다.

일전에 부동산 회사 사장이 주택을 짓기 전 직원들과 상의하는 것을 들은 일이 있다. 그 내용은 주택 3.3m²(한 평)에 1,200만 원을 받을까 아니면 2,100만 원을 받을까 하는 것이었다.

같은 대지, 같은 장소, 같은 구조인데 어떻게 가격을 올릴 수 있을까? 그들은 내부의 타일을 화강암으로 바꾸고, 문틀을 더 넓고 크게 넓히고, 실내 설비물을 모두 수입 명품으로 장식하자는 등의 안을 내놓았다. 또 특별히 헬스클럽, 수영장 등을 만들고 입구에 서비스 센터를 세워 호텔식 관리를 한다면 가격은 아마 3.3m²에 1,200만 원에서 2,100만 원으로 껑충 뛰어오를 것이라고 말했다.

그들이 가격 문제를 논의할 때 3.3m²에 1,200만 원으로 하자는 사람의 주장은 이렇다. 그렇게 해야 잘 팔린다는 거다. 중산층 중에는 새 집으로 이사하고 싶은 사람이 많은데다 주택의 위치도 괜찮으니 집값이 그렇게 부담스럽지 않다면 금세 다 팔릴 것이라는 주장이다.

반면 3.3m²에 2,100만 원을 주장하는 사람의 말은 이렇다. 주택을 짓고자 하는 곳이 위치가 매우 좋고 주택을 지어 놓으면 소위 돈 많은 사람들이 들어올 가능성이 많다. 그런데 그런 사람들은 끼리끼리 어울리는 것을 좋아하는 특성이 있다. 만약 3.3m^2에 1,200만 원으로 분양을 하면 돈 많은 사람들은 옆집 사는 사람의 신분이 자신과 맞지 않을까봐 혹은 그들의 교양이 자신을 따라오지 못할까봐 혹은 주택단지의 전체적인 분위기가 안 좋아서 자신의 '존귀함'을 잘 나타내지 못할까봐 아예 살 생각을 하지도 않는다는 것이다.

조금 더 깊게 들어가 보자. 원가는 비슷하다. 하지만 3.3m^2에 2,100만 원을 받으면 1,200만 원을 받을 때보다 거의 두 배를 더 벌 수 있다. 사는 사람은 많지 않더라도 전체 주택수의 반만 팔려나가면 된다. 그러다보면 또 언젠가는 다 팔려나가지 않겠는가? 더 이득인 것은 그렇게 돈 많은 고객들을 상대함으로써 회사의 이미지 역시 한층 고급스러워진다는 것이다.

결국 후자의 의견이 채택되었다. 그 후 그들은 모델하우스를 짓는 데만도 수십억 원을 썼고 다시 수십억 원을 들여 대대적인 광고를 냈다. 모델하우스를 방문하고자 하는 고객은 미리 예약을 해야 했다. 모델하우스에 들어서면 고급 커피, 심지어는 비싼

술까지 제공되었고 고객에게 제공되는 광고책자 역시 하드커버에 번쩍이는 금박을 장식한 것이었다. 광고CD도 함께 제공되었다. 그뿐만이 아니다. 모델하우스에 들어서면서부터 직원이 줄곧 고객을 쫓아다니며 정보를 제공했고, 손님이 오고 갈 때마다 깍듯이 예의를 다하는 것도 잊지 않았다. 그리고 계약 여부와 상관없이 일단 방문하는 고객에게는 선물이 증정되었다.

돈이 많은 사람은 돈을 쓰게 만들어줘라

또 한 가지, 모델하우스에서 고객을 대하는 사람들은 모두 미남미녀였다. 사모님, 사장님 같은 사람들은 미남미녀 앞이면 더욱 기세등등해진다는 점을 간파했기 때문이다.

왕 씨도 학 사장이 무리와 함께 가게에 들어설 때부터 이미 속으로 생각했을 것이다.

'오늘 최소한 2,500만 원짜리는 팔려나가겠는 걸.'

학 사장은 돈 자랑 좀 할 줄 아는 사람이다. 소 사장과 다른 몇 명의 사람들이 지켜보는 앞에서 쩨쩨하게 가격 가지고 이리 재고 저리 재고 하지는 않는 사람이다.

마찬가지로, 미녀나 애인을 데리고 명품점으로 들어서는 부자들은 돈을 많이 안 쓸래야 안 쓸 수가 없다. 만약 그가 돈이 없고 별로 잘난 체하고 싶지도 않다면 애당초 여자를 데리고 그런 곳으로 들어오지도 않았을 것이다. 그에게 루이비통, 샤넬 등의 명품을 권하지 않는다면 그건 따라 들어온 여자한테도 미안한 일이고 그 부자에게도 미안한 일이다!

어떤 종류의 거래를 하든
자신의 패는 최대한 보여주지 말라.
당신이 물건을 살 때 그것을 살 수밖에 없는 정황을 보여주면
상대는 마음대로 가격을 올릴 것이다.

3

치명적인 덫,
약점을 잡히지 말라

작업

함정

유인

위장

작업,

**수술은 마취를 시킨 뒤에 시작하고,
'작업'은 도취를 시킨 뒤에 시작한다**

요조숙녀

안나 안나의 기상시간은 매일 스케줄에 따라 달라졌다. 오늘은 오전 10시쯤에 침대에서 일어났다. 그녀는 신선한 과일을 갈아 주스를 만들어 토스트와 함께 먹었다. 그다음은 샤워를 하고 집 앞 미용실로 향했다. 머리를 다 만지고 집으로 돌아와 화장을 할 때 휴대전화가 울렸다. 오후에 만나기로 한 주朱 씨에게서 걸려온 전화였다. 주 씨는 안나의 집으로 찾아와 차로 마중을 나오겠다고 말했다. 조금이라도 빨리 만나고 싶어하는 눈치였다. 하지만 안나는 새침하게 원래 예정대로 약속 장소에서 만나자고 전했다. 수화기 너머로 아쉬워하는 중년 남자의 한숨 소리가 들려왔다.

통화가 끝나자 안나는 마馬 사장에게 전화를 걸었다.

"오늘은 친구 한 명 데리고 갈게요. 450만 원짜리 물건으로 준비해주세요. 무슨 말인 줄 알죠?"

약속 장소는 고궁이었지만 안나는 운전사에게 서점으로 먼저 가자고 했다. 서점에 들어간 안나는 《아메리칸 지오그래피》 잡지를 집어 들었다. 그 잡지의 중국어판은 이미 본 후였다. 그것도 처음부터 끝까지 아주 자세하게 말이다. 그래서 주 씨가 그 영문 잡지를 훑어볼 때 안나는 많은 내용을 읊어댈 수 있었다. 주 씨는 재색을 겸비한 여자에 약했다.

주 씨 역시 엘리트였다. 미국 유명대학의 박사학위를 가지고 있었고 들리는 소문에는 특허권도 몇 개 가지고 있었다. 며칠 전 이李 씨로부터 주 씨를 소개받을 때 이 씨는 그가 정부의 권유로 귀국해서 활동하고 있다는 점을 누차 강조했었다.

이 씨는 주 씨에게 안나도 그럴듯하게 소개했다. 이 시대의 진정한 팔방미인이라고 말이다. 주 씨가 소개 받은 자리에서 유명한 시를 읊자 뜻밖에 안나가 따라서 시를 같이 읊었다. 주 씨는 점점 안나의 매력에 빠져들었다.

클럽에서 안나가 장張 상교(장교 계급의 하나—옮긴이) 부부와 함께 앉아 있을 때 주 씨는 쉬지도 않고 춤을 췄다. 시차문제로 고생을 좀 하고 있다더니 그것도 아닌 모양이었다. 다른 일행이 먼저 가겠다고 인사를 하고 사라지는데도 아랑곳하지 않고 안나와 주 씨는 밤 열두 시까지 춤을 췄다. 그날 밤 주 씨는 안나에게 야참을 사주겠다고 했다.

"안 돼요. 늦을 거라고 이야기를 미리 못 해서 엄마가 집에서 많이 기다리실 텐데…."

안나는 주 씨가 사주겠다는 야참을 거절하고 집으로 가겠다고 했다. 그러자 주 씨는 집까지 바라다 주겠다며 그녀를 차에 태웠다. 20분 정도 시내를 누비던 차는 어느새 한적한 공원 주차장에 멈춰섰다. 차 안에서는 둘의 이야기가 오갔고 점점 분위기가 무르익었다. 그러다 어느 순간 대화가 끊기자 주 씨는 안나에게 몸

을 기울였다. 안나는 주 씨를 밀어내면서도 끝내 어쩔 수 없다는 듯 그의 키스를 받아들였다. 하지만 주 씨가 스킨십을 시도하자 재빨리 몸을 뒤로 뺐다.

"오늘은 안 돼요! 다음에…."

"다음? 다음에 언제요?"

"내일 모레 쯤…."

그 말에 주 씨는 신사답게 손을 거두었다. 그러면서 내일 모레 고궁으로 놀러가지 않겠느냐며 데이트를 신청했다.

안나는 이제 거의 고궁의 안내원을 해도 될 정도다. 그녀의 집 책꽂이에는 골동품을 소개한 책이 넘쳐났고 오래전에 출간되었던 《고궁명화삼백종古宮名畵三百種》이라는 책도 있었다. 덕분에 작품을 보기도 전에 안나는 이미 작품들에 대해 훤히 알고 있었다.

이런 모습 역시 주 씨에게는 새로웠다. 왜 이제야 안나 같은 사람을 만나게 되었는지 지난 시간이 아쉬울 뿐이었다. 그는 자신이 미국에 돌아갔다가 타이완에 다시 오게 되면 아마 오래 머무르게 될 것 같다는 말도 서슴지 않고 꺼냈다.

저녁은 이 씨가 그 두 사람을 위해 특별히 예약을 해주었다. 두 사람은 레스토랑의 구석 쪽에 자리를 잡았다. 안나는 술은 마시지 않았지만 그래도 1994년산 나파벨리를 주문했다. 주 씨는 꽤 많이 마시는 듯했지만 안나는 입술만 축이는 정도였다. 주문한 식사는 킹크랩이었는데 웨이터가 먹기 좋게 손질해줘도 되겠냐고 묻자 안나는 정중하게 거절했다. 주 씨를 위해 자신이 특별히 서비스를 하고 싶었기 때문이다.

안나가 능숙한 손놀림으로 딱딱한 껍질 안의 살들을 발라내고 속이 빈 껍질들을 다시 정성스럽게 원래의 모양으로 갖춰 주씨 앞에 내놓자, 그는 감동하여 할 말을 잊고 말았다.

레스토랑을 나서며 차를 어디다 세워뒀느냐고 묻는 대신, 안나는 분위기 있게 바람 좀 쐬자며 다정하게 주 씨의 팔짱을 꼈다. 그러다 눈앞에 백화점이 들어오자 주 씨를 위해 넥타이를 하나 사주고 싶다며 그의 팔을 잡아당겼다.

안나의 안목은 훌륭했다. 주 씨가 계산을 하겠다고 했지만 안나는 팔을 묶어 놓겠다고 농담까지 하며 극구 말렸다.

에스컬레이터를 타고 내려와 백화점 입구에서 차를 탈 무렵 안나는 쇼윈도로 눈을 돌렸다. 그리고 마침 가방을 하나 사려고 했다며 들어가서 구경 좀 하자고 했다.

그 명품샵의 주인은 오전에 통화했던 마 씨였다. 마 씨는 친절하게 두 사람을 대하며 방금 같이 외국에서 온 것 아니냐는 둥, 지금 타이완의 명품가격이 유럽의 원산지보다 더 저렴하다는 둥의 말을 늘어놓았다. 마음에 드는 듯한 가방을 집어든 안나는 깜짝 놀랐다.

"810만 원? 어휴, 너무 비싸요. 못 사겠다."

그러고는 다시 690만 원짜리 가방을 집어 들며 손을 내저었다. 다른 쪽으로 눈을 돌린 안나는 선반에 진열해 놓은 가방을 가리키더니 저 디자인도 괜찮다고 했다. 그 말을 들은 마 사장은 가방을 꺼내주며 마침 할인이 적용되는 품목이라 450만 원이라고 했다.

"그래도 저한테는 여전히 비싼 걸요."

안나가 고개를 가로저으며 가방을 내려놓으려고 할 때였다. 주 씨가 입을 열었다.

"내가 사줄게요!"

그날 밤 안나는 상대에게 매우 충실했다. 심지어 주 씨에게 미국에 다시 돌아가면 언제 다시 타이완에 올 수 있겠느냐며 눈물을 글썽거리기까지 했다.

다음 날 아침 주 씨가 호텔을 나서 공항으로 떠날 때 안나는 아직 곤히 잠들어 있었다. 안나가 공항에 배웅하러 가겠다고 했으나 주씨는 공항에 나올 사람들이 많다며 그녀를 말렸다. 잠결에도 안나는 주 씨가 호텔 직원을 불러 짐을 부탁하는 것과 자기 볼에 가볍게 키스해주는 것을 느낄 수 있었다.

곧 둔탁한 소리가 나며 방문이 닫혔다. 안나는 그 소리를 듣고도 꼼짝하지 않고 있다가 십 분여가 지나서야 몸을 일으켰다. 머리맡에는 주씨가 남긴 메모와 봉투가 놓여 있었다. 묵직한 봉투를 열어보니 달러가 가득 채워져 있었다. 안나는 살짝 미소를 띠며 바로 다시 누워 잠을 청했다.

안나는 주 씨가 준 돈 봉투를 자신의 핸드백에 넣었다. 그리고 어제 주 씨가 사준 명품 가방을 들고 호텔 문을 나섰다. 해는 이미 중천에 떠 있었다. 택시를 탄 안나는 어제 갔던 명품샵으로 향했다.

마 사장은 이미 모든 것을 준비해 놓고 있었다. 그는 안나가 들어서자마자 안나에게 명품가방을 돌려받으며 돈 봉투를 쥐어주었다. 그리고 웃으며 말했다.

"보통이 아니라니까!"

"뭘요. 지난 주 그 건에 비하면 이건 아무 것도 아니죠."

안나는 윙크를 하고 유유히 거리로 나왔다.

 ## 숨겨진 진실 엿보기

안나는 도대체 어떤 사람일까?

한 가지 확실한 것은, 그녀는 분명히 아름답고 분위기 있는 요조숙녀라고 주변 사람들에게 칭찬을 받을 것이라는 점이다. 물론 그녀가 정말로 요조숙녀인지는 알 수가 없다.

직업은 있을까? 일정한 직업이 있을 수도 있고, 또 없을 수도 있다. 가끔 일거리가 생기면 나가서 하고, 여기저기 돌아다니며 사교활동이나 즐기는 여자일 수도 있다.

그럼 학력은? 학력은 높을 수도 있고 아니면 아예 낮을 수도 있다. 하지만 공식적인 학력이 좋지 않다고 하더라도 그녀가 나름대로 지식을 쌓기 위해 노력하고 외국어 과외를 하는 열성쯤은 보일 것이라는 점은 짐작할 수 있다. 또 책도 부지런히 읽는 것을 보아, 학교만 졸업하면 책하고는 담을 쌓고 지내는 사람들보다는 교양이 풍부한 것이다.

그녀가 상당히 다양한 경험을 해봤을 것이라는 점도 짐작이 가능하다. 미국의 유명한 와인과 요리를 섭렵하고 있고, 킹크랩의 딱딱한 껍질을 벗기는 솜씨가 레스토랑의 웨이터보다도 더 능수능란하니 말이다.

안나는 미용에도 관심이 남다를 것이다. 잠도 충분히 자고, 술도 잘 마시지 않고, 음식에도 욕심이 없다. 그녀는 언제나 자신의 가장 아름답고 빛나는 면을 상대에게 보여주는 것에 익숙한 것 같다.

아무튼 안나는 평범한 직장 여성과는 다르다. 안나의 생활은 자유롭고 풍족하다. 또한 이런 점들 때문에 콧대가 하늘을 찌르는 남자들도 결국은 그녀가 발산하는 매력에 녹아내리고 마는 것이다.

도취시키는 것이 그들의 직업이다

그럼 이 씨는 어떤 유형의 사람일까?

안나는 소위 말하는 꽃뱀이나 콜걸은 아니다. 이 씨 역시 순진한 남자를 등쳐먹는 악랄한 범법자가 아니다. 이 씨는 아마도 각계각층의 사람들과 두루두루 친하게 지내는 발이 넓은 사람일 것이다. 이렇게 발을 넓혀 두었다가 선거 때라도 되면 후보로 나선 사람들을 도와 그걸로 기세가 등등해지는 부류라고도 할 수 있다.

이 씨는 미녀들을 많이 알고 있을 것이다. 일단 미녀를 몇 명 알아놓으면 그들의 미녀 친구까지 연달아 소개를 받을 수 있다. 이런 사람은 남성들에게 인기가 좋다. 그가 부르는 미녀들이 모임의 분위기를 한층 더 돋워줄 수 있기 때문이다.

그는 또 언변의 달인일 수도 있다. 말을 잘하는 사람들은 모임의 분위기를 고조시키기 때문에 자연히 모임에 참가하는 횟수도 늘어난다. 그리고 그 말재주로 수많은 미녀들의 '중개인' 역할을 하는 것이다.

아무튼 이 씨가 정상적인 일을 하며 먹고사는 사람이 아니라는 것만은 확실하다. 안나가 매력으로 돈을 버는 것처럼, 그도 사람과 사람을 중개하면서 돈을 벌 가능성이 농후하다. 그러니까 안나는 '미녀'가 직업이고, 이 씨는 '미녀를 소개시켜 주는 친구'가 직업인 셈이다.

실감이 잘 나지 않겠지만 세상에는 이런 사람들이 의외로 많다.

🎩 그들만의 상부상조

그럼 주 씨는 과연 어떤 사람일까?

이미 이야기 속에서 그가 어떤 사람인지에 대한 소개를 조금

했다. 아마도 그는 고도의 과학기술을 다루는 사람일 것이고, 외국의 유명회사에서 괜찮은 자리에 있었을 것이다. 충분히 대접을 받을 만한 사람이었기 때문에 정부에서도 돈을 많이 주겠다며 일단 불러들인 것 아니겠는가.

승용차와 기사는 아마도 위에서 그를 위해 준비해준 것이겠고, 고급호텔 숙박비 역시 정부에서 모두 부담할 것이다. 심지어 그날 밤의 킹크랩조차 누군가가 그를 위해 대신 계산해줬을 수도 있다. 어쨌든 주 씨는 귀국해서 체류하는 일체의 비용을 걱정할 필요가 없었을 것이다. 주 씨가 '정신건강'을 위해 쓰는 유흥비까지 포함해서 말이다. 위에서도 그를 편안하게 해줘야 앞으로도 이런 능력 있는 인재와 오래도록 함께 일할 테니 말이다.

장 상교는 주 씨를 맞이하는 사람 중의 한 명이었던 듯싶다. 정리해 보면, 장 상교가 이 씨에게 안나를 데리고 오라고 부탁했을 것이고, 그럼 장 상교와 안나도 이미 초면은 아닐 것이다. 장 상교는 오래전부터 안나의 배경에 대해 훤히 알고 있었고 뒤로 안나와 계속해서 연락을 하고 지냈을 것이다.

'위'에 있는 사람들이 화류계의 여성들과 자주 연락을 주고받는다는 것을 알고 있는가? 심지어 위에 있는 사람들은 정기적으로 그녀들을 대접하고 선물을 보내주기도 한다. 다음과 같이 물으면서 말이다.

"요즘 누구 특별한 사람 만난 적 없어? 그 사람들 술 마시면서 무슨 얘기들을 했지? 아무개 말이야. 생긴 건 좀 어때? 그 사람 명함 있어? 아니면 전화번호라도."

그렇다고 그녀들이 전문 첩보원은 아니다. 하지만 그녀들이 전문 첩보원이 접근하기 힘든 사람들을 더 자주 만나게 되는 것만은 사실이다.

이른바 '유명인사'라고 불리는 사람들은 술자리에서, 거기에 미녀까지 합석한다면 긴장을 풀게 마련이다. 때문에 '큰일'에 대한 단서들이 이런 술자리로부터 새어나오는 것이다.

도취가 되면 작업이 시작된다

이렇게 장황한 설명을 늘어놓는 이유는 우리가 사는 세상이 그리 간단하지 않다는 것을 알려주기 위해서다. 만약 당신이 돈과 능력 그리고 권세를 갖췄다면 TV에서 튀어나온 것 같은 미녀와 하룻밤을 보낼 수도 있다. 하지만 그 대신 당신의 행동 하나하나가 위에 기록된다는 사실도 기억해야 한다.

안나와 같은 여성들은 작업의 고수들이다. 혀를 내두르게 하는 미모는 말할 것도 없고, 독서량도 엄청나서 알고 있는 것도 정말 많다. 게다가 엄한 가정교육을 받으며 자라난 듯 함부로 행동하지도 않는다. 그런가하면 먼저 선물을 주는 예절도 알고 있다. 무엇보다 대어大魚를 낚으려면 낚싯줄을 길게 던져야 한다는 것을 알고 있다.

안나가 스킨십의 수위를 조절한 이유도 주 씨가 자신을 너무 쉽게 보지 않도록 하기 위해서였다. 또 그녀는 술을 마시면 사람이 평소보다 더 호탕해진다는 것도 알고 있었다. 그래서 자신은 마시지도 않는 술을 시켜 주 씨가 술을 마시게 했다.

그녀는 사전계획도 철저했다. 먼저 명품샵의 마 사장과 연락해 450만 원을 목표치로 정한 것만 봐도 알 수 있다.

🍵 거절할 수 없는 상황을 만든다

안나와 마 사장이 450만 원을 목표치로 정했는데도, 왜 안나는 810만 원짜리와 690만 원짜리 가방에 먼저 눈길을 주었던 것일까?

안나는 한마디로 물건을 어떻게 팔아야 할지 아는 장사꾼 체질이다. 자신이 450만 원짜리 가방을 집어 들었을 때부터 그녀는 이미 주 씨가 물건값을 지불할 것이라고 확신했다.

표범은 양을 사냥하러 본격적으로 나서기 전에 이미 양의 크기에 대한 계산을 해놓는다. 쫓아갈 수는 있는지, 물었을 때 죽일 수 있는지, 또 죽이고 난 다음에는 끌고 움직일 수 있는지에 대해서 말이다.

810만 원짜리 가방을 집어 들었을 때는, 아무리 대범한 주 씨라고 해도 선뜻 사주겠다고 나서기가 쉽지 않을 것이다. 연이어 집어든 가방마저 고가품이었는데, 눈길 한 번 준 가방이 450만 원밖에 하지 않자 주 씨가 이때다 싶었던 것이다. 지금 이 물건을 사지 않았는데 그다음으로 집어든 것의 가격이 1,000만 원대라면 더 골치 아파지는 것 아닌가.

그리고 주 씨처럼 똑똑한 사람이 안나에게 이끌려 명품샵으로 들어섰을 때, 이미 자신이 돈 좀 써야한다는 것을 눈치 채지 못했을 리도 없다. 만약 돈을 안 쓴다면? 가방을 사준 다음 이어지는 그날의 메인 이벤트는 허사가 되고 마는 것이다.

어쨌든 모두가 원했던 일이라면…

안나가 명품샵에 가방을 되돌려주러 갔을 때 마 사장은 이미 돈을 준비해 놓고 있었다. 물론 450만 원에서 얼마를 제한다는 두 사람 사이의 약속이 이미 있었을 것이다. 그 명품샵 주인의 입장에서 보면 물건을 팔았을 때도 이득이고, 안나에게 돌려받았을 때도 그 차액만큼은 이득이다. 게다가 잘만 하면 한 물건을 가지고 이런 식으로 몇 번을 우려먹을 수도 있다.

어쨌든 이 상황에서는 안나도 그렇고 주 씨도 그렇고, 모두가 원했던 일이 성사된 셈이다. 다시 말해 서로 원하지 않았는데 일이 이렇게 된 것은 아니니 문제가 되지 않을 수 있다는 말이다. 문제는, 이런 식의 속고 속이는 게임을 원하지 않았는데도 잘못 걸려든 사람은 헤어나오기가 쉽지 않기 때문에 치명적인 덫이 될 수 있다는 점이다.

쾌락에 도취되는 순간을 조심하라.
거기엔 교묘한 함정이 숨어 있을 수 있다.

함정,

약점이 많고 뒤가 구리면 이용당하기 쉽다

**그들은 모든 걸
알고 있었다** 이틀만 지나면 잭은 귀국한다. 그는 아내와 아이들을 이곳에 남겨 놓고 자신만 먼저 돌아가기로 했다. 일 년 반 정도 기다렸다가 아이가 대학에 들어갈 때가 되면 그때 아내와 아이들도 고국으로 돌아갈 것이다. 그래서 잭이 가져가야 할 짐은 달랑 큰 가방 두 개뿐이었다.

짐 가방을 보니 잭은 다시 화가 치밀어 올랐다. 그가 사직서를 제출하자 회사는 마치 그가 도둑이라도 되는 양 안전 요원을 시켜 서류가방을 샅샅이 검사하게 했다. 그리고 사장에게 귀국하겠다는 뜻을 밝히고 사무실로 돌아오는 사이에 자신이 사용하던 컴퓨터를 더 이상 사용할 수 없도록 잠가 버렸다.

말이 귀국이지 사실은 귀국도 아니다. 잭은 이 나라로 유학 오자마자 연구실로 들어가 박사과정을 밟았고, 그 후 연구생으로 그 회사에 입사했다. 그렇게 이 나라에서 23년을 살았다. 아이들도 모두 여기서 태어났고 자신과 부인 역시 이미 귀화한 상태였다. 만약 귀화하지 않았다면 그 회사에서 일하는 것은 꿈도 꾸지 못했을 것이다. 최첨단의 기술을 다루는 그 회사는 내국인 간부조차 들어설 때 매번 바코드를 찍은 뒤 길고 긴 지하통로를 거쳐야했다.

어쨌든 잭은 어디까지나 이 나라의 충실한 국민이었으니 '귀국'이 아니라 '귀향' 혹은 '출국'이라고 해야 옳을 것이다.

한가한 오후, 잭이 혼자 집에서 짐을 꾸리고 있을 때 초인종이 울렸다. 우편물이 온 줄 알고 문을 열어보니 양복을 점잖게 차려 입은 두 남자가 신분증을 보여주면서 이야기를 좀 하고 싶다고 했다. 왠지 심상치 않았다. 이야기하고 싶지 않다고 대답하면 뭔가 더 안 좋은 일을 당할 것 같았다. 잭은 얼떨떨한 얼굴로 두 사람을 집 안으로 안내했다. 긴장된 목소리로 차를 대접하겠다고 했지만 그들은 곧바로 잭을 소파에 앉혔다. 그러고는 서류가방을 열어 문서 한 뭉치를 꺼냈다.

문서를 살펴보던 잭의 표정이 하얗게 질려버렸다. 그것은 잭과 은행 사이에 오고 간 세금신고서에 대한 자료였다.

"내셔야 할 세금을 많이 안 내신 것 같습니다. 최근 십 년 동안의 것만 가지고 왔는데도 이 정도니."

"아…."

주르륵, 등줄기에 식은땀이 흘러내렸다. 잭은 정신을 가다듬고 최대한 냉정함을 되찾은 후 말했다.

"제가 조금 부주의했었는데, 다 해결하겠습니다."

그러자 또 다른 남자가 차갑게 말했다.

"이건 해결하고 안 하고의 문제가 아니죠. 이렇게 많은 액수면 구속감입니다."

그는 전화기를 가리키며 말했다.

"어떻습니까? 지금 당장 변호사를 선임하시겠습니까?"

"하지만 저는 곧 출국할 예정인데요."

잭은 울상이 된 얼굴로 하소연을 했다.

"저희도 알고 있습니다. 연구원으로 가신다면서요."

"부인께서는 아이들과 함께 남으신다는 것도 알고 있습니다."

"네! 그러니까요! 안심하셔도 된다는 말입니다. 제가 도망가려고 해도 갈 수가 없다니까요. 게다가 여기 이렇게 큰 집도 있잖아요. 꼭 내겠습니다. 벌금까지 모두 다요!"

흥분한 잭은 목소리를 높였다.

"만약 당신이 안나라는 여자와 함께 자취를 감춘다면요?"

순간 잭은 심장이 멎는 듯했다. 잭은 뭉크의 그림처럼 입을 벌린 채 두 남자의 얼굴을 번갈아 보았다.

"설마 부인께서 벌써 그 일을 알고 있는 건 아니겠죠?"

"안나를 어떻게 아시나요?"

"그것뿐입니까. 얼마를 들고 가시려고 하는지도 이미 알고 있습니다. 하긴, 그런 미인에다 여기보다 세 배나 높은 연봉까지 기다리고 있으니까 미련 없이 가시려고 하는 것도 이해는 됩니다. 놓치기 아까운 기회죠."

"그런데 지금 상황이 말입니다. 출국을 포기하셔야 할 것 같은데…. 만약 부인께서 안나에 대해서 알게 된다면 더 골치 아프시겠어요."

잭은 요동치는 심장이 안정을 되찾을 때까지 잠시 기다렸다.

"저의 뒤를 계속 밟으셨다는 것을 압니다. 하지만 저는 결백해요. 저는 아직 어떤 기밀자료도 바깥으로 유출하지 않았습니다."

"당연히 저희도 알죠. 그래서 오늘까지 기다린 거 아닙니까?"

"네?"

잭은 그들이 지금 무슨 소리를 하는 건지, 일이 어떻게 돌아가는 건지 몰라 그저 어안이 벙벙할 뿐이었다.

"…기다렸다고요?"

그러자 갑자기 남자는 큰 소리로 웃어댔다. 나머지 한 사람은 잭의 등을 가볍게 두드리며 말했다.

"당신이 보였던 충성심에 대해 잘 알고 있습니다. 그래서 부탁 좀 하러 온 겁니다."

잭은 예정대로 비행기에 탔다. 잭을 조사했던 두 사람은 태연하게 공항에 나와 잭을 배웅했다. 잭의 아내에게는 자신들을 회사동료라고 소개했다.

잭은 순조롭게 본국의 연구소로 들어갔고 그곳에서 자신의 실력을 마음껏 뽐냈다. 그리고 자주 안나를 데리고 사교장소를 들락거리곤 했다.

하지만 정확하게 1년 후, 잭은 이렇다 할 말도 없이 원래 다니던 회사로 돌아왔다. 그러고는 얼마 지나지 않아 잭이 1년간 근무했던 본국의 연구소는 돌연 문을 닫아버렸다. 잭이 비밀리에 참여했던 프로젝트 팀에서 연구 활동에 사용하던 기계는 모두 압수되어 여러 명의 국제전문가들의 감독 하에 어디론가 운반되었다. 잭은 아들이 대학에 들어가자마자 아내와 이혼을 하고 안나와의 동거생활을 시작했다. 소문에 안나는 몰래 잭을 따라왔다고 했다. 안나는 비행기에서 내리자마자 거류증을 손에 쥐게 되었고 잭은 밀린 세금을 한 푼도 납세하지 않았다.

숨겨진 진실 엿보기

만약 당신이 잭이라면 그 두 남자의 제안을 따를 것인가, 따르지 않을 것인가? 만약 그 사람들에게 'NO!' 라고 했다면 당신은 탈세혐의로 재판을 받았을 것이다. 액수가 크다면 구속되었을 수도 있다. 또 아내가 안나에 대해서 알게 되어 엄청난 위자료와 함께 이혼을 요구했을 것이다. 그러면 직장도, 돈도, 안나도, 가족도 모두 잃게 되는 것이다. 당신의 인생이 만신창이가 되는 것이다.

물론 당신은 두 사람에게 동조하는 척하다가 출국하고 난 후 태도를 바꿀 수도 있었다. 그랬다면 다시는 돌아갈 수 없으니 재산을 잃게 되고, 아내는 당신의 일에 연루되어 재판을 받았을 것이다. 당신의 자식에게도 부정적인 영향을 끼칠게 뻔하다.

결국 당신은 꼼짝없이 두 남자의 제안을 따를 수밖에 없다.

🎣 약점, 하수인으로 전락하는 미끼

당신은 잭을 앞의 장에서 보았던 주 씨라고 생각할 수도 있다. 또 잭의 본국 역시 이란, 파키스탄, 인도네시아, 타이완 등으로 마음대로 추측할 수 있다. 잭이 귀화했던 나라는 첨단기술을 가진 '대국'일 것이다.

분명한 것은 결국 대국이 이겼다는 점이다. 대국은 잭이 본국으로 돌아갈 수 있도록 허가하고 그가 핵무기 개발에 참여할 수 있게 만들었다. 그의 연구 활동은 대국을 위협하기 위한 용도로 사용될 수 있었다. 하지만 잭은 이미 뒷덜미를 잡힌 상태라서 어쩔 수 없이 자신의 모든 연구내용을 대국에 보고할 수밖에 없었다. 대국이 필요했던 건 잭의 본국에서 진행되는 연구 자료였다.

정보요원들이 잭과 안나가 함께 있는 장면을 몰래 촬영하고, 세무 내역을 조사하고, 잭이 본국으로 돌아가 받게 될 연봉을 알아내는 것쯤은 식은 죽 먹기다. 잭은 약점이 많았다. 무슨 소리냐 하면, 그는 이용하기에 적합한 사람이었다는 말이다.

이야기의 상황은 바퀴벌레와 흰개미를 박멸하는 방법과 매우 유사하다. 독이 든 미끼를 집 안에 있는 모든 바퀴벌레와 흰개미가 먹을 필요는 없다. 한두 마리 정도만 먹어주면 미끼를 먹은 녀석이 무리에게 돌아가 독을 퍼뜨리고, 그러면 자연히 '대량살상'이 손쉽게 이루어진다.

미끼를 놓는 사람은 벌레들이 살고 있는 곳에 들어갈 필요도 없다. 한 마리만 잘 유인하면 그다음부터는 다 알아서 처리되니 이보다 더 경제적인 방법도 없다.

🐌 기다릴 줄 아는 낚시꾼이 대어를 낚는다

잭의 탈세혐의나 바람기는 하루 이틀 있는 일이 아니었다. 그런데 그들은 왜 진작 잭을 잡아들이지 않았을까?

일찍 잡았다면 잭도 그만큼 빨리 손을 씻고 위법행위도 그만

두었을 텐데 말이다. 대국 정부 역시 탈세로 인한 손해를 방지할 수 있었다. 하지만 그들은 어떠한 행동도 취하지 않았다. 그 이유를 알고 싶다면 앞 이야기에서 정보요원이 했던 말을 되새겨 보라.

"그래서 오늘까지 기다린 거 아닙니까."

한마디로 그들은 '바늘도둑'인 잭이 '소도둑'이 될 때까지 기다린 것이다. 잭의 잘못이 일찍 발각되어 잭이 잘못을 인정하고 벌금까지 다 물어 일이 깨끗하게 해결된다면 정보요원들이 무슨 구실로 잭의 발목을 붙잡을 수 있겠는가. 그래서 그들은 기다리고 또 기다렸다. 증거가 충분해졌을 때, 그리고 시기가 제대로 맞아 떨어졌을 때 비로소 행동을 개시한 것이다.

정보요원들은 잭과 같은 사람들에 대한 수많은 정보를 손에 쥐고 있다. 하지만 그들은 완벽한 타이밍이 되기까지 결코 함부로 행동하지 않는다.

어느 나라든지 극비사항을 다루고 상대국의 정보를 전문적으로 캐내는 특별 조직을 두고 있다. 이는 언론계 역시 마찬가지다. 큰 언론사 치고 특별 정보팀을 가지고 있지 않은 곳이 없다. 어떤 유명인사에게 무슨 일이 있어났다 하면 그들은 그 소식을 접하는 순간 가지고 있는 데이터베이스에서 그 사람의 사진을 찾아내고 그 인물의 약력까지 자세하게 열거해낸다. 그런 다음 그 자료들을 보기 좋게 배열하여 신문과 방송에 내보내는 것이다. 이런 정보들을 미리 준비해 놓지 않는다면 속도전에서 승리할 수 없기 때문이다.

중요한 인물이 고령에 달하면 그들은 '추도의 글'까지 미리 작성해 놓는다. 그 사람은 아직도 현장에서 왕성한 활동을 하고 있는데도, 세상 한 곳에서는 그가 이미 죽었고 그 사람에 대한 평가까지 서술되어 있다. 이 때문에 발생한 해프닝이 있다. 영국 황태자비가 멀쩡히 살아있는데, 한 언론사에서 그녀의 죽음을 기리는 애도문을 발표한 것이다.

어쨌든 언론사들은 정보요원들처럼 정보를 모아두고 있다. 다만 때가 아니어서 발표를 하지 않을 뿐이다. 그중에는 흥미로운 자료들도 많다. 예를 들어, 어떤 공직자는 몇 명의 정부를 두고 있다더라, 어떤 의원은 참으로 특이한 취미와 기호를 가지고 있다더라, 어떤 기업가는 이미 몇 년 째 부인과 별거 중이라더라, 어떤 연예인은 도박장을 밥 먹듯 드나들더라 하는 것들이다.

악명 높은 파파라치들이 보이는 대로 아무거나 찍어댄다고 생각하면 오산이다. 그들은 '특종감'이 될 수 있는 사람들만 쫓아다닌다. 그들은 모든 방면에 떳떳한 사람들에게는 관심도 없다. 밖에서 부인이 아닌 정부가 낳은 아이 때문에 집안이 발칵 뒤집혀 별거에 이르렀고, 결국은 본부인이 투신자살을 했다더라, 혹은 공금횡령 혐의가 있다더라 하는 소문이 있지 않으면 말이다.

당신이 떳떳하지 못한 짓을 했다고 생각해 보자. 몸 어딘가에 상처가 나고 부패되었다면 파리들이 떼로 달려드는 것은 전혀 이상한 일이 아니다.

독자들 중에는 '나처럼 평범한 소시민은 이런 일과는 전혀 무관해'라고 생각하는 사람이 있을지도 모르겠다. 그렇다면 다음 장을 주의 깊게 읽기를 바란다.

약점이 많은 사람은 함정에 쉽게 빠진다.
간교한 자들은 상대의 약점을 잡고, 그것을 이용할 때를 기다린다.

유인,

일이 커질 때까지 상대의 계략을 모른 척한다

줏대 없는 사람의
내공 "여보, 큰일 났어요. 빨리 와서 한번 봐요! 새로 짓는 옆집이 우리 집 땅까지 넘어왔다니까!"

아내의 전화를 받은 유장원은 일찍 집으로 갔다. 대문 밖에서 남편을 기다리던 아내는 격앙된 목소리로 당장 옆집에 따지러 가자고 말했다. 유장원은 옆집을 한 번 흘끔 보고는 부인을 다짜고짜 집 안으로 밀었다.

"여보 진정해. 저 집이 경계를 넘었는지 당신이 어떻게 알아?"

"내가 알지 왜 몰라요. 우리 집 지을 때 건축회사 사람이 나한테 그랬어요. 옆집 송 씨 부인이 우리 집하고 그 집 경계선까지 집을 지어도 두 집 사이에 거리가 세 척은 된다고요."

아내는 창문 쪽을 가리키며 말했다.

"그런데 봐요. 저 집 벽하고 우리 집하고 거리가 세 척이 채 안 되잖아요. 두 척 반 정도나 되려나?"

"확실해?"

"확실하다니까."

유장원은 잠깐 생각에 빠졌다.

"이 일은 내가 알아서 하지. 당신은 내가 뭐라고 하기 전까지는 아무 말도 하지 마."

유장원은 창가에 서 있는 아내를 안으로 끌고 들어오며 눈을 크게 떴다.

"당신은 가만히 있어. 알았지?"

유장원의 아내가 소리 지르는 것을 옆 집 사람도 다 들었나보다. 다음 날 송 씨 부인이 바로 찾아왔다.

"아주머니가 저희 집이 경계선을 넘었다고 하셔서요."

송 씨 부인은 유장원과 함께 문 밖으로 나갔다.

"저희는 건축회사에 모두 맡겼거든요. 그 사람들이 여기저기 다 재어보고 짓기 시작했지만 혹시라도 그 사람들이 잘못 잰 것이 아닌가 하는 생각이 들어서요."

"그럴 리가 있나요. 그 사람들은 전문가 아닙니까. 틀릴 리가 없죠."

유장원이 웃으며 말하자 송 씨 부인은 안심이 되었는지 한결 가벼워진 표정으로 떠났다.

유장원이 집 안으로 들어오자 아내의 입이 삐죽 나와 있었다.

"당신이 아무 말 하지 말래서 정말 아무 말 안 했더니, 이실직고하러 온 사람을 그냥 돌려보내요? 당신 줏대도 없어요?"

"뭐가 그렇게 급해. 내가 확실히 알아볼 때까지 기다리라고 그랬잖아."

"어휴, 속 터져!"

아내는 답답하다는 듯 주먹으로 가슴을 쳤다.

다시 이틀이 흘렀다. 퇴근한 유장원이 현관 앞에 차를 세우자 송 씨 부인의 집을 짓는 건축회사 직원이 다가와 악수를 청했다.

"부인께서 저희가 경계를 넘었다고 하셔서 이렇게 찾아뵙게 되었습니다."

직원은 명함을 내밀고 유장원의 눈치를 봤다. 유장원은 집 짓는 현장을 보고는 머리를 긁적거렸다.

"글쎄요. 내가 보기에는 그런 것 같지는 않습니다만… 뭐, 두 집 사이에 거리도 적당하고요. 저 같은 사람이 뭘 알겠어요. 다 알아서 잘 하셨겠죠."

직원은 미소를 지으며 고개를 끄덕거렸다.

"그리고 옆집하고 우리는 십 년 넘은 이웃인데 설마 우리 땅에 집을 지으려고요?"

"하하, 물론이죠. 이웃사촌끼리 믿고 살아야죠."

직원은 가볍게 인사를 하고 공사가 한창인 현장으로 걸어갔다. 유장원이 허허실실 웃으며 몸을 돌리니 아내가 붉으락푸르락한 얼굴로 서 있는 게 아닌가. 아내는 당장이라도 공사장으로 달려갈 기세였다. 유장원은 가까스로 아내를 달래며 일단 집으로 들어갔다.

"이 줏대 없는 사람 같으니라고!"

아내는 화가 머리꼭대기까지 나 있었다.

"옆집 사람한테 말하기 뭐하면 회사 직원한테는 제대로 말을 해야 할 것 아니에요! 가만히 앉아서 우리 땅을 뺏길 작정이에요? 사람이 어수룩해도 정도가 있지!"

아내는 유장원을 옆으로 밀어내고 밖으로 나가려고 했다.

"당신이 말 못하겠다면 내가 말하겠어요."

"절대 말하지 말라니까!"

유장원이 크게 소리쳤다. 좀처럼 볼 수 없는 남편의 무서운 얼굴에 아내는 놀라 걸음을 멈췄다. 유장원은 심호흡을 하고 차분하게 이야기했다.

"내가 이미 사람 시켜서 다시 재봤어. 틀림없다니까."

남편의 말을 듣자 아내는 더 이상 할 말이 없었다.

옆집이 한 층 한 층 올라가는 것을 볼 때마다 아내는 자신의 집을 지은 회사 사람들을 속으로 욕했다. 왜 두 집 간의 거리가 세 척이나 된다고 했을까. 잘해야 두 척 반 정도나 될 것 같은데.

송 씨 부인의 집이 완성되었다. 같은 5층짜리 건물인데도 어째 유장원네 집보다 훨씬 더 좋아보였다. 집 정면은 화강암으로 장식하고 다른 세 면도 모두 수입 타일로 멋을 냈다.

유장원은 아내를 데리고 옆집을 찾아가 축하해주었다. 그들은 유장원 부부를 특별히 따뜻하게 맞아주었다. 송 씨 부인은 유장원의 아내를 한쪽으로 끌고 가 웃으며 말했다.

"바깥양반이랑 저랑 집이 경계를 넘었다는 말을 듣고 사실은 며칠 밤을 뜬 눈으로 새웠지 뭐예요. 건축사를 데려다가 다시 가서 경계를 넘은 게 확실한지 알아보라고도 했다니까요."

"죄송해요. 제가 잠시 착각했었나 봐요. 남편이 사람을 불러 재보니까 아니라고 하더라고요."

유장원의 아내는 그저 멋쩍게 웃을 수밖에 없었다.

다음 날 유장원은 평소보다 일찍 퇴근했다. 그는 구청 토지과에서 측량을 하는 친구 세 명을 데리고 왔다. 유장원의 아내는 영문을 모르겠다는 표정으로 유장원에게 물었다.

"당신 벌써 사람 시켜서 재봤다고 하지 않았어요?"

"그랬지. 그런데 다시 한 번 재보려고."

유장원이 데려온 세 사람은 나침반과 기기들을 가지고 앞뒤로

왔다 갔다 하며 측량을 시작했다. 길 가에서부터 집까지의 거리도 재는 듯했다.

근사한 새 집에서 느긋하게 차를 마시던 송 씨 부인은 이 광경을 보자 바로 밖으로 뛰어나왔다. 그녀는 측량 기사들을 붙잡고 이것저것을 물어봤다. 하지만 측량 기사들은 특별히 이렇다 할 대답을 하지 않고 유장원에게 말하겠다고만 했다. 송 씨 부인은 숨을 헐떡이며 유장원에게 달려가 물었다.

"문제없다고 하셨잖아요."

유장원은 그저 웃기만 했다.

"측량 다 끝난 다음에 다시 얘기합시다."

그날 저녁, 유장원은 옆집의 초인종을 눌렀다. 문이 열려 있었지만 유장원은 들어가지 않고 현관에 서서 차분하게 주인이 나오기를 기다렸다.

"저, 이런 이야기를 하게 돼서 저도 참 그렇습니다만 반 척 정도 경계를 넘으신 것 같아요."

"… 아, 그래요?"

잠시 주저하던 송 씨 부인은 이내 호들갑을 떨었다.

"세상에, 정말이에요? 어떻게 이런 일이 있을 수가 있죠?"

송 씨 부인이 놀란 듯 되묻자 유장원은 단호하게 말했다.

"이미 다 알고 계신 사실 아니었습니까? 저한테 되물으시면 어떡합니까. 저희 집 땅을 반 척 정도 넘었다는 것을 알고 있었으면서 왜 공사를 멈추지 않으셨나요?"

송 씨 부인은 입을 벌리고 멍하니 서 있었다. 유장원은 송 씨 부인의 새 집을 천천히 훑어보며 말했다.

"부수기에는 참 아까운 집입니다."

숨겨진 진실 엿보기

'낚싯줄을 길게 던져야 대어大魚를 낚는다' 라는 말을 들어본 적이 있는가? '낚싯줄을 길게 던지다' 라는 말에는 단순히 낚싯줄을 멀리 던지라는 뜻만 있는 것은 아니다. 물고기가 미끼를 물었을 때 일부러 물고기가 미끼를 충분히 즐길 수 있도록 하고, 더 나아가서는 일부러 낚싯줄을 느슨하게 해서 미끼가 아닌 물속을 표류하는 먹이라고 느낄 수 있게 하는 것이다. 물고기가 미끼를 물고 겉에서부터 안쪽으로 조금씩 뜯어먹을 때는 낚싯줄을 조금씩 풀어주어 '놀면서 먹게' 한다. 그런 후 물고기가 미끼 전체를 거의 다 먹었다 싶은 순간에 바로 낚싯줄을 감아올리는 것이다.

낚싯줄을 감아올릴 때도 요령이 필요하다. 강약을 잘 조절해야 하는 것이다. 힘을 주어 바짝 조이면 낚싯줄 끝 갈고리가 물고기 입에 더욱 강하게 걸리고, 힘을 풀면 물고기가 벗어나기 위해 이리저리 움직이기 때문에 다시 힘을 주었을 때 고리가 물고기 입에 더욱 깊이 걸릴 수 있다. 대어를 낚고 싶은 사람은 물고기에게 미끼를 만끽할 수 있는 여유를 주어야 한다.

앞 장에서 살펴보았던 이야기 중, 어떤 조직은 잭이 탈세혐의가 있는 것을 알고도 일부러 서둘러 잡아들이지 않고 그가 함정에 더 깊게 빠질 때까지 기다렸다. 그래야 결과를 더욱 확실하게 보장할 수 있기 때문이다.

이 이야기에서 유장원도 낚시 줄을 길게 던지고 때를 기다렸다. 만약 그가 옆집 건물이 1층을 이제 막 올렸을 때 잘못을 지적했다면 송 씨 부인은 즉시 짓던 건물을 부수고 다시 반 척 들여서 지었을 것이다. 따라서 손해도 그리 크지 않았을 것이다. 하지만 어수룩해 보이던 유장원은 그리 녹록한 사람이 아니었다. 그는 기다렸다. 5층까지 모두 짓기를 기다렸다가 낚싯줄을 감아올린 것이다.

🍵 일이 커질 때까지 기다린다

비슷한 예는 어디서든 쉽게 찾아볼 수 있다.

직원에게 비리가 있다는 것을 눈치 챈 사장은 우선 냉정함을 유지한 채 적당한 시간이 오기를 기다린다. 그 직원이 더욱 대담해지고 그래서 잘못을 잘못이 아닌 습관처럼 저지를 때, 그리고 증거가 충분해지면 그때 확실히 뿌리를 뽑는 것이다.

한 국회의원이 어떤 기관의 내막을 폭로한다. 그 기관은 의원이 제시한 증거가 날조된 것이라는 것을 알면서도 오히려 입을 다문 채 그의 기세가 계속 오르기를 기다린다. 그 의원이 비판을 하면 할수록, 날조된 증거에 의한 풍파가 커지면 커질수록 그 의원은 미끼를 더욱 깊이 깨무는 격이 된다. 그래서 그 기관이 반격을 가할 때 의원이 감당할 충격은 더욱 커지는 것이다.

적군을 유인해 한번에 몰살시킨다

전쟁에서 승리의 관건 중 하나는 적을 얼마나 깊게 함정에 빠뜨리냐는 것이다.

당신이 성을 지키는 장수라고 가정해 보자. 부하가 달려오더니 적군이 파놓은 굴을 발견했다고 보고한다. 그때 당신은 어떤 명령을 내리겠는가. 당장 구멍을 막으라고 지시하겠는가? 아니면 굴 입구에 조용히 병력을 배치시켰다가 적군이 굴을 통해 나올 때 공격하라고 하겠는가?

명장은 적군이 밤에 기습해 올 것을 알면서도 군사를 함부로 움직이지 않는다. 사격하기에 가장 좋은 지점에 이를 때까지 끈기 있게 기다리고 또 기다린다. 그러다 적군이 사정거리 안에 도달하면 조명탄을 터뜨리며 맹공격을 가해 적군을 꼼짝달싹 못하게 만들어 그 자리에서 무너지게 만드는 것이다.

이것은 도박에서도 마찬가지다. 손 안에 최상의 패가 들어왔지만 표정은 오히려 잔뜩 겁을 집어먹고 있는 듯 찡그린다. 상대들이 모두 게임에 빠져들어 판돈이 커질 대로 커지면 그때 뒤통수를 쳐서 상대방 바지까지 모두 벗겨버리는 것이 진정한 묘미다.

당신이 비양심적이니 나 역시 이럴 수밖에

유장원이 일격을 가했을 때 송 씨 부인은 무척 당혹스러웠을 것이다. 고작 반 척! 하지만 반 척도 엄연한 침범이다. 그 반 척 때문에 집을 헐어야 할까?

송 씨 부인은 유장원에게 뒤통수를 맞았다고 억울해 할 것이다. 그렇지만 그녀가 동정 받을 만한 사람인가에 대해서는 좀 더 깊게 생각해 봐야 한다. 사실은 유장원의 말처럼 송 씨 부인은 이미 옆집 땅을 침범한 사실을 알고 있었다. 유장원의 아내가 투덜거릴 때 송 씨 부인이라고 여기저기 알아보지 않았을 리가 없다. 다시 측량했더니 반 척 정도 남의 땅을 넘었다는 사실을 알았을 때 어떤 생각이 들었을까?

'반 척 정도야. 유장원이 이 정도를 눈치 챌 수 있을까? 눈치 챈다 해도 쩨쩨하게 이리저리 따지고 들겠어?'

송 씨 부인은 건축회사 직원들에게 쓴소리 한마디 했을 것이다. 난처해진 직원들은 이야기나 한번 해볼까 하는 심산으로 유장원을 찾았다. 그런데 유장원이란 사람이 그렇게 꼼꼼한 것 같지도 않고 별문제 없다는 식으로 이야기를 하니 그럼 그냥 대충 넘기지 하는 마음으로 문제를 덮어버린 것이다. 만약 경계부분을 허물고 다시 짓는다면 회사로서는 손실이 클 것이다.

결국 회사 측도 요행을 바라는 마음이 있었던 것이다. 또 어쩌면 처음부터 송 씨 부인과 건축회사가 옆집 땅을 침범한 걸 알고도 설계상의 이유 때문에 공사를 강행했을 가능성도 배제할 수 없다.

어쨌든 그들이 먼저 유장원을 기만하고 우습게 본 것이므로 누구에게도 유장원을 탓할 자격이 없다. 단지 송 씨 부인과 건축회사 어느 쪽이 얼마나 배상을 할 것인가가 문제이다.

잘못이 없는 것이 곧 강한 것이다

무욕즉강無欲則剛이라는 말이 있다. '욕심이 없는 것이 곧 강한 것이다'라는 뜻이다. 이는 무폐즉강無弊則剛으로도 바꿀 수 있다. 잘못이 없는 것이 곧 강한 것이다!

앞 장과 이번 장의 이야기를 되새겨보자. 만약 잭과 송 씨 부인이 잘못을 하지 않았다면, 그리고 요행을 바라지 않았다면 애초에 일도 이렇게까지 커지지 않았을 것이다.

당신은 줏대 없어 보이는 사람에게라도 작은 결점 하나 잡혀서는 안 된다. 특히 부와 명예를 가지고 있다면 더욱 조심해야 한다. 돼지를 살 찌워 잡아먹듯, 간교한 자들은 당신의 작은 결점을 키우고 키워 결국 당신의 발목을 붙잡는 쇠사슬로 만들어 버리기 때문이다.

부정한 짓을 하면 부정한 자들이 냄새를 맡고 몰려든다.
그들은 일이 커질 때까지 부정한 짓을 알고도 모른 척할 뿐이다.
욕심이 없고 잘못이 없다면 아무도 당신을 함부로 건드리지 못할 것이다.

위장,

**쥐의 탈을 쓰고 고양이를 노리는 간교한 자들은
계략이 들켰을 때 실수였다고 말한다**

**사소한 실수에
숨겨진 계략** "사장님, 얼른 씻으셔야겠어요. 완전히 얼룩말이 되셨네요."

손 씨가 들어오는 모습을 보자 경리 여직원 양미는 웃음을 참지 못하고 한바탕 웃어댔다. 거울 앞에 선 손 씨는 자신의 모습을 쭉 훑어보았다. 온몸이 연탄가루를 뒤집어쓰고 땀으로 뒤범벅이 되어 영락없이 검은 줄이 그어진 얼룩말이었다. 손 씨는 전에 일하던 배달원이 입대한 뒤로 배달 일을 혼자 도맡아야 했다. 무겁고 먼지 날리는 연탄을 차에 차곡차곡 쌓아 싣고, 고객의 집 앞에 도착하면 물건을 내리는 것도 자신의 몫이었다. 공장에 납품이라도 하게 되는 날이면 완전히 녹초가 되어 손 하나 까딱할 힘도 없었다.

다행히 양미가 가게 일을 꾸리는 데 많은 도움이 되었다. 양미는 영수증을 끊고, 장부에 매상을 기록하고, 매달 말일이 되면 어김없이 장부와 현금을 손 씨 앞에 가지런히 내놓았다.

"사장님, 이번 달 장사한 거예요. 한 번 세어보세요. 총 548만 1,000원이에요."

그런데 양미는 두껍게 쌓인 영수증과 함께 봉투 하나를 더 내밀었다. 손 씨는 우선 영수증을 계산했다. 정확하게 542만 1,000원이었다. 함께 받은 봉투를 열어보니 안에는 6만 원이 들어 있었다.

"거 참 취향 독특하네. 돈은 다 같이 관리하지 이 6만 원은 왜 봉투에 따로 넣은 거야? 혹시 이걸 보너스로 달라고 은근히 부탁하는 거 아니야?"

손 씨가 웃으며 물었다. 그러자 양미는 얼굴을 붉히며 한참을

머뭇거렸다.

"사장님 죄송해요. 제가 계산을 여러 번 했는데 어찌된 일인지 할 때마다 6만 원이 비는 거예요. 어디가 틀렸는지도 모르겠는데 말이죠. 할 수 없이 제 돈으로 모자란 6만 원 채우시라고…."

"어디 그럼 쓰나."

손 씨는 바로 장부를 펴서 영수증과 장부에 기록된 내용을 한 글자씩 대조했다. 집안사정 때문에 고등학교를 졸업하진 못했지만 기본적인 셈은 문제가 없었다.

"아! 찾았다!"

손 씨가 탄성을 지르며 장부를 가리켰다.

"여기가 틀렸네. 여기 봐. 수입 부분에 21만 원을 27만 원으로 잘못 써놨잖아. 이봐, 덜렁대다가 하마터면 자기 돈만 축낼 뻔했잖아."

손 씨가 주의를 주며 가볍게 어깨를 툭 치자, 양미의 얼굴이 다시 붉어졌다.

다시 한 달이 흘렀다. 양미는 그 달의 장부를 손 씨 앞으로 가져왔다. 지난 달 덜렁거리는 양미의 실수를 한 번 겪은 후라 손 씨는 양미가 눈치 채지 못하도록 주의 깊게 장부와 영수증을 대조했다.

"세상에! 또 틀렸잖아!"

이번에는 96만 원을 69만 원으로 잘못 기록한 것이다. 그 때문에 마지막 총합계의 계산이 틀려 있었다.

"이건 또 어떻게 된 일이야?"

"네? 아… 그게…."

손 씨가 부르자 양미는 손가락을 비비 꼬며 총총걸음으로 다가왔다.

"27만 원이 비잖아."

양미는 뭔가 생각났다는 듯 책상으로 달려가 서랍 속에서 봉투를 하나 꺼내 손 씨에게 건넸다. 봉투 안에는 정확하게 27만 원이 있었다.

"사장님, 제가 몇 번을 계산해도 이상하게 돈이 27만 원 남는 거예요. 어디가 틀렸는지도 못 찾겠고. 그래서 이 돈은 따로 놔 뒀었어요. 우선 사장님께 장부를 보여드리고 다시 꼼꼼히 계산해 보려고 했는데…."

"아이고, 이런 덜렁쟁이 아가씨야!"

손 씨는 어이가 없다는 표정을 지으며 양미의 팔을 가볍게 툭 때렸다.

"손님들한테 직접 통장으로 입금시켜달라고 하는 게 어때?"

어느 날 손 씨의 친구가 권유했다.

"열 길 물 속은 알아도 한 길 사람 속은 모른다고 하잖아."

"에이, 양미는 그럴 애가 아니야. 벌써 3년째 데리고 있는데 덜렁대서 그렇지 성실한 편이야."

"그 아가씨가 그렇다는 말이 아니라… 그렇게 하면 양미의 수고도 덜 수 있잖아. 양미는 영수증을 쓰고 자네는 물건을 배달하고, 손님은 돈을 곧바로 은행으로 입금시키면 되지 않겠어? 덜렁대는 양미가 직접 현금을 만질 필요도 없고, 자네도 돈을 입금시키러 은행에 갈 필요가 없고. 은행 가는 길에 소매치기라도 당하면 어쩔 거야? 그리고 가게 책상 안에 그렇게 많은 돈을 두고 양미 혼자 가게를 지키는 게 불안하지도 않아? 도둑이라도 들면 어쩌려고 그래."

친구의 말을 들으면서 손 씨는 계속 고개를 끄덕였다. 듣고 보니 손님이 직접 은행 계좌로 입금하게 하면 많은 수고를 덜 수 있었다. 매달 말일에 양미는 한 달의 총수입을 계산해 자신에게 가르쳐주기만 하면 되고, 은행에 가서 그 숫자가 맞는지 확인하면 끝이었다. 게다가 잔금 문제로 고객들과 실랑이를 벌일 일도 없었다.

그날따라 계속 머리가 지끈지끈거렸다. 손 씨는 양미에게 두통약을 사오라고 심부름을 보냈다. 그 사이에 양미의 또래쯤으로 보이는 아가씨가 가게로 들어와서는 양미를 찾았다.

"지금 자리에 없는데, 무슨 일이신지?"

손 씨를 보자 그 아가씨는 흠칫 놀라며 손을 저어댔다.

"아니에요. 아무 것도 아니에요. 심심해서 얘기나 좀 할까 하고 왔어요."

손 씨는 미간을 찌푸렸다.

"근무시간에 무슨 얘기를 하러 다닌다는 건지. 아가씨 어디서 일해요?"

"저요? 전… 강 사장님 회사에서 일하는데요."

"아! 강 씨 회사 직원."

손 씨는 장난꾸러기처럼 얄궂게 말했다.

"지금은 근무시간이잖아요. 아가씨 이거 근무태만이야. 조심하라고, 내가 강 씨한테 전화해서 고자질할지도 모르니까. 하하."

그런데 어쩐 일인지 그 아가씨는 손 씨의 농담에 금세라도 울음을 터뜨릴 것처럼 울먹거렸다.

"아니에요, 그게 아니라, 양미가 저한테 전화를 해서는 자기가 계산을 잘못했다고 하는 거예요. 63만 원을 36만 원으로 잘못 계산했다고요. 그때 저도 따로 계산해 보지 않고 그냥 36만 원을 줬거든요. 오전에 양미에게 전화를 받은 뒤에 다시 계산해 보니까 양미 말이 맞더라고요. 지난달에도 같은 양의 물건을 샀는데 63만 원을 냈다고 쓰여 있었어요."

아가씨는 잠시 망설인 후 다시 말했다.

"양미가 이미 실수를 여러 번 해서 사장님께 혼이 날까 무섭다고 그랬어요. 한 번만 더 틀리면 자기는 잘릴지도 모른다고요. 사장님 안 계실 때 몰래 와서 27만 원을 더 달라고 했는데 저도 일이 이렇게 될 줄은…."

숨겨진 진실 엿보기

앞의 예는 주변에서 굉장히 빈번하게 일어나는 일이다. 만약 당신이 손 씨였다면 어떻게 하겠는가?

양미가 돌아오면 호탕하게 웃으면서 "이 아가씨 또 실수를 하셨구먼, 그렇지? 이를 어쩌나. 나한테 딱 들켜버렸는데."라고 말하며 다음부터는 정말 조심하라고 주의를 주겠는가? 그렇지 않으면, 그 자리에서 양미를 해고시키겠는가?

당신은 이 일을 내색하지 않고 양미가 또 같은 실수를 하는지 주의 깊게 관찰할 수도 있다. 그것도 아니면, 예전 장부들을 꺼내와 하나하나 다시 맞춰보며 누락된 곳이 더 있는지를 살펴볼 수도 있다. 과거의 장부들을 모두 파헤치며 혹시나 '93,000원'을 '63,000원'이라고 쓰지는 않았는지, '780,000원'을 '180,000원'이라고 쓰지는 않았는지 따져볼 수도 있을 것이다. 이는 의심을 하고 안 하고의 문제가 아니다. 관리자라면 당연히 그래야 한다.

지난번에 사장에게 처음 발견됐을 때 양미는 봉투 하나를 꺼내며 왜 돈이 더 남는지 그 이유를 모르겠다고 했다. 왜 진작 양미가 과거에도 같은 상황이 벌어지면 남는 돈을 자신의 주머니에 넣어버렸을 것이라는 생각을 하지 못했을까?

만약 더 주의 깊게 조사를 해 보면 더욱 놀랄 상황이 벌어질지도 모른다. 양미가 계산을 틀린 적은 이번 한 번이 아니었다. 심지어 많은 고객들이 양미가 해고되는 것이 불쌍해 사장 몰래 부족한 돈을 더 가지고 왔던 것이다. 그리고 그 돈은 고스란히 양미의 주머니로 직행했다.

사실 사태는 명확하다. 고양이가 쥐에게 잡아먹힌 것이다. 아니, '쥐인 당신이 고양이에게 잡아먹혔다'고 해야 옳을지도 모르겠다.

🐾 하찮게 여기던 사람에게 걸려 넘어지다

무림고수는 이름 없는 한 아낙이 건넨 독이 든 술잔에 생명을 잃고, 큰 폭력조직의 보스는 이제 막 들어온 애송이의 칼에 목숨을 잃기도 한다. 실력 있는 국제변호사가 수많은 거대 비리를 파헤쳤음에도, 막상 자신을 돕던 직원이 몇십억을 챙겨 달아나 치명타를 입고 넘어질 수도 있다.

이런 일이 일어나는 이유는 그 '하찮은 존재'가 일부러 쥐의 탈을 쓰고 고양이를 노렸기 때문이다. 이는 당신이 별 것 아닌 존재를 너무 신뢰하면 얼마든지 일어날 수 있는 일이다.

🐾 도박판의 고수들은 첫판을 잃어준다

'쥐의 탈을 쓰고 고양이를 노리다' 이는 절묘한 표현이다. '쥐로 둔갑' 하려면 우선 쥐인 척을 해야만 한다. 그래서 양미는 당초 일부러 '2,100'을 '2,700'이라고 써 넣었던 것이다.

따져보면 양미는 굉장히 똑똑하다. '1' 이라는 숫자에 획만 추가하면 금세 '7'로 변해버린다. 사람이라면 얼마든지 범할 수 있는 실수를 이용했던 것이다.

하지만 겉으로는 바보 같은 행동을 보여주었다. 계산이 틀린 곳을 찾지 못했다고 자기 돈으로 부족분을 메우려고 했다. 양미처럼 꾸밈없고 소박한 직원이 몇 번만 더 돈 계산을 잘못했다가는 한 달 월급이 금세 바닥날지도 모른다.

직원의 이런 행동을 보고 사장이 의심의 눈초리를 보이기는 쉽지 않다. 그러나 이 모든 것이 쥐로 둔갑하기 위해 던져 놓은 미끼였을 뿐이다. 양미는 돈을 먹기 위해 우선 '돈을 배상'하는 미끼를 두었던 것이다. 사장에게 특별히 혼나지도 않고 첫 시도가 성공으로 끝나자 그녀는 본격적으로 작전에 돌입했다. 그녀는 일부러 숫자를 틀리게 적어 놓고 사장에게는 아무 말도 하지 않았다. 그러고는 그저 사장의 동태를 살필 뿐이었다. 만약 사장이 틀린 곳을 발견하면 그 즉시 큰 잘못을 고하는 듯 어쩐지 돈이 좀 남더라며 봉투를 내밀면 그만이다. 만약 사장이 발견하지 못한다면? 당연히 그 돈을 단숨에 꿀꺽 삼키면 된다.

장부에서 흔적을 없애 완전범죄를 만들다

이 기술은 '갑작스런 반격'을 꾀한 후에 훗날 '흔적 없애기'로 요약할 수 있겠다. '꿀꺽 삼키기'에 능한 사람들은 대부분 이 방법을 이용한다. 각 항목을 장부에 기입할 때는 꽤나 정직하다.

그러나 문제는 총계(합계)이다. 일부러 정상적인 합계보다 적게 기입하는 것이다. 예를 들어 '300+300+300'의 계산은 900이 되어야 정확하다. 하지만 어이없게도 300을 세 개 더한 값은 800으로 둔갑하고 만다.

만약 사장이 800이라는 합계만 보고 얼추 비슷하다며 장부를 덮어버린다면 어떻게 될까? 직원은 100을 꿀꺽 삼켜버린다. 그리고 물론 후환을 방지하기 위해 어느 정도 시간이 흐르면 하나의 300을 200으로 고쳐 놓을 것이다. 장부를 고치고 나면 완전범죄가 성립된다.

몰래 토지를 점거한 후 지도를 바꾸어버리다

반대로 사장이 장부를 보고 눈살을 찌푸리며 "800? 이것만 되지는 않을 텐데?"라고 지적할 수 있다. 그러면 직원은 그 자리에서 다시 계산을 해보고 말할 것이다.

"아, 이거 정말 죄송합니다. 제가 계산을 틀렸네요. 위에 쓴 건 모두 다 맞는데 총합계를 내다가 실수를 한 것 같습니다."

그러면 사장은 생각한다. '각 항목은 모두 문제없는 거지? 그럼 됐어. 누구든지 덧셈을 하다가 실수할 수는 있잖아. 만약 이

직원이 꿍꿍이속이 있었다면 항목의 기록을 틀리게 했겠지 바보처럼 합계를 틀리게 썼겠어?

아마도 사장은 그 직원에게 따끔한 주의를 주는 정도로 사태를 마무리할 것이다. 설령 다음에 다시 같은 일이 발생하여 그간의 장부를 다시 면밀히 조사한다고 해도 특별한 문제점은 발견할 수 없다. 뒤통수를 친 직원이 이미 흔적을 없애기 위해서 숫자를 바꿔 놓았기 때문이다.

만약 장부와 영수증을 하나하나 대조하며 검사한다면 이야기가 달라지겠지만, 어쨌든 지금 직원의 행동은 완전범죄가 되어 버렸다.

상대를 공범으로 끌어들이다

손 씨가 했던 것처럼 현금이 양미의 손을 거치지 않도록 하면 될 거 아니냐고 할지도 모르겠다.

그러나 양미에게는 또 다른 술수가 있었다. 그녀는 고객에게 먼저 제값보다 낮은 가격을 요구하고, 나중에 그 실수를 발견한 듯 모자란 돈을 더 달라고 했다. 한술 더 떠 양미는 '교묘한 심리전'을 펼치기도 했다. 이미 돈을 은행에 입금시킨 고객이 나머지 돈을 지불할 때에는 직접 돈을 들고 양미를 찾아왔다. 순진무구해 보이는 여린 아가씨가 행여나 해고라도 될까봐 걱정하는 마음에서였을 것이다. 물론 손 씨에게는 이 사실을 비밀로 했다.

혹시 이런 의문이 들 수도 있을 것이다. '고객은 영수증에 나와 있는 가격대로 돈을 지불할 텐데?' 그렇다! 하지만 이런 경우를 생각해 보자. 만약 당신이 물건을 사고 10만 원이 적혀 있는 영수증을 발급받았는데, 영수증과 함께 건네받은 메모에 물건값 9만 원을 입금시켜달라는 내용이 적혀 있다면? 당신은 10만 원을 입금시키겠는가 아니면 9만 원만 입금시키겠는가?

뭘 어떻게 하라는 것인지 구분이 안 돼 답답할 수도 있고, 한편으로는 이게 웬 떡인가 싶기도 할 것이다. 고민할 것 없이 전화를 해봤더니 양미가 다시 한 번 살펴본다고 하고는 이렇게 말한다. "어머! 어떡하죠? 제가 잘못 썼네요. 제가 새로 한 장 써드릴 테니 잘못 쓴 건 다시 이쪽으로 부쳐주시겠어요?" 이렇게 사건은 일단락지어질 것이다.

또 만약 영수증에 9만 원이 쓰여 있어 9만 원만 지불했는데 나중에 1만 원을 더 지불하라고 연락이 온다고 해도 1만 원이라는 금액에 민감하게 반응하는 사람은 별로 없을 것이다.

🐭 '티끌 모아 태산'의 법칙

대다수의 사람들이 손 씨처럼 고객들이 은행으로 돈을 직접 송금하고, 매달 대략적인 액수를 맞춰보면 별 문제가 없으리라고 생각할 것이다. 왜냐하면 돈은 은행에서 집적 관리하고 그 외에는 돈에 손을 댄 사람이 없기 때문이다. 문제는 '그러면 은행은 과연 믿을 만한가?'라는 것이다.

요즘 은행들은 모든 업무가 전산화되어 있다. 사람들은 오차 없는 컴퓨터를 신뢰한다. 하지만 컴퓨터로 일을 처리한다고 해도 정보는 사람의 손으로 '입력'해서 넣어야 한다는 것을 기억하기 바란다.

은행에서 일을 볼 때 사람들은 단지 자신이 했던 계산과 비슷하게 맞아 떨어지면 그것으로 만족한다. 각 자리의 숫자, 소수점 이하까지 세심하게 살펴보는 사람은 아마 흔치 않을 것이다. 그러다 어느 날 갑자기 어느 꼼꼼한 사람의 고발로 은행들이 필요 이상의 수수료를 받고 있다는 사실을 알게 된다. 또한 어느 날 갑자기 소비자협회의 문제 제기로 전기세, 수도세 등의 공과금에 불합리한 비용이 상당 부분 있다는 것을 알게 된다.

'쥐의 탈을 쓰고 고양이를 노리는' 사람들은 '티끌 모아 태

산'의 법칙을 철저하게 준수한다. 절대 한 번에 크게 일을 벌이지 않는다. 조금씩 조금씩 위치를 이동하면서 타인의 토지를 잠식해 들어가고 끝내는 그것을 자신의 것으로 만들어버린다. 주인이 그 사실을 발견했을 때는 이미 어떻게 손을 써볼 수 없을 정도일 때가 대부분이다.

흰개미 한 마리가 발견되면 건물 전체를 이 잡듯 뒤져라

기업의 책임자로 있는 사람들에게 부탁하고 싶은 것이 있다. 주변에서 이런 일이 발생하거나 양미처럼 덜렁대는 직원을 발견하면 꼭 그에 상응하는 조치를 취하라.

만약 당신의 회사에서 이런 일이 발생하면 그간의 회계 출납을 일괄적으로 모두 하나하나 대조하기를 바란다. 비슷한 성격의 일이 다시는 일어나지 않도록 주의하라. 감히 음모를 꾸민 직원에 대해서는 중징계를 내려 다른 직원들이 경각심을 갖게 해야 한다. 만약 당신의 거래처에 이런 일이 일어난다면 거래처의 사장에게 알려주어야 한다. 또한 친구의 회사에서 일이 발생했다면 합심해서 범인을 색출해낼 수도 있다. 이는 더 큰 사건을 미연에 방지하기 위한 대책이다.

일단 잘못을 인정하고 용서를 빌어라

만약 당신이 직원의 입장에서 순수하게 실수하여 그와 같은 잘못을 범했다면 상사가 발견하기 전에 자수하는 것이 현명한 방법이다. 이와 함께 모든 회계출납 장부를 꺼내 자진해서 조사를 받는 것도 좋은 방법이다. 설사 양미처럼 잘못이 한두 번에 그치지 않는다고 해도 자수하라.

만일 그런 실수를 계속 반복한다면 당신은 숫자를 다루는 데 소질이 없다는 뜻이다. 타인에게나 자기 자신에게나 더 이상 민폐를 끼치지 않도록 이직을 생각해 볼 것을 권한다. 당신이 더 잘할 수 있는 일을 찾아보도록 하라.

돈에 대해서는 언제나 꼼꼼하게 관리해야 한다.
만약 당신이 관리를 게을리하면,
당신의 부하직원은 돈을 가로채고픈 유혹을 받게 될 것이다.

4

뒤통수 맞지 말고, 때로는 **간교해져라**

오해

소문

정보

기회

오해,

**무심코 내뱉은 말, 대수롭지 않게 여긴
행동이 비수로 돌아온다**

그녀는 왜 호텔방을
나가버렸을까?

당건호와 소정은 양명산에 올라 국화를 감상하고, 칠성산에서는 단풍을 만끽했다. 그 다음에는 타이베이 국제금융센터 스카이라운지에서 도시의 야경과 깊은 밤하늘에 빠져들었다. 예전에 무례한 실수로 여자 친구와 헤어졌던 당건호는 여자를 대할 때는 절대 조급해 하지 말아야 한다는 사실을 알고 있었다. 특히 소정과 같은 미모의 여성이라면 더욱 신중하고 조심스러워야 했다.

스카이라운지의 테라스에서 소정은 당건호의 손가락이 가리키는 곳을 따라 북극성을 열심히 찾고 있었다. 당건호는 소정의 윤기 나는 머리카락에 살짝 입맞춤을 했다. 소정이 별 거부감을 보이지 않자 당건호는 하늘을 가리키던 손을 자연스럽게 그녀의 어깨 위에 올렸다.

오랜 시간을 기다린 당건호는 이제 때가 되었다고 생각했다. 그는 소정에게 근사한 곳에서 저녁식사를 하자고 제안했다. 저녁을 먹을 식당은 유명빌딩의 1층에 있었고 5층 이상은 모두 호텔 객실이었다. 사실 그는 그곳에 대한 사전조사를 마친 상태로 건물의 동선까지 외우고 있었다.

당건호는 차를 지하 2층 주차장에 세워 놓고 엘리베이터를 타고 식당으로 들어갔다. 두 사람은 프랑스인 주방장이 직접 만든 훌륭한 프랑스 요리를 느긋하게 즐겼다. 재즈 피아노 연주가 시작되자 당건호는 보르도 와인을 열었다. 처음에는 술을 못 마신다던 소정도 한두 번 맛을 보더니 입에 맞는지 한 잔을 다 들이켰다. 그녀는 잔을 다시 채워달라고 부탁하지는 않았지만 당건호가 다시 와인을 따라주자 역시 깨끗하게 비웠다.

그윽한 촛불 속에 상기된 소정의 얼굴은 더욱 아름다웠다. 당건호는 황홀한 기분에 빠져들었다. 마치 미모의 여배우와 마주 보고 앉아 있는 것 같은 생각이 들 정도였다.

디저트가 나오자 당건호는 재빠르게 카운터로 가 계산을 마치고 슬쩍 식당을 나왔다. 이제 소정과 만난 지 두 달, 오늘은 어떻게든 기회를 잡아야 한다고 생각한 그는 엘리베이터를 타고 5층 호텔 카운터로 갔다. 그러고는 카드로 7층 스위트룸을 예약한 뒤 방 열쇠를 가지고 다시 식당으로 돌아왔다. 소정은 화장을 고치고 있었다.

식당을 나서는 소정의 발걸음이 이미 취기에 가벼워져 있었다. 그러나 당건호가 엘리베이터를 타고 7층을 누르는 것을 보고 의아해했다.

"차는 지하 2층에 있잖아요?"

당건호는 여유 있는 웃음을 보이며 팔을 뻗어 소정의 허리를 가볍게 감고는 귀에다 속삭였다.

"여기 호텔 분위기가 정말 좋대요. 우리 한번 가보지 않을래요?"

소정은 고개를 숙인 채 아무 말이 없었다. 암묵적인 동의였다.

은은한 조명과 잔잔한 음악, 분위기는 정말 최고였다. 게다가 각종 난과 수석으로 장식되고 바위틈에서 온천물이 새어나오듯 물이 흐르는 욕조는 마치 무릉도원에 와 있는 것 같은 기분마저 느끼게 했다.

당건호가 같이 욕조에 들어가자고 소정을 잡아끌었지만 거절 당했다. 이럴 때 절대 강요해서는 안 된다는 것을 알고 있었으므로 아무렇지도 않게 말했다.

"그럼 먼저 씻어요."

그러고는 한마디 덧붙였다.

"안심해요. 절대 훔쳐보지 않을게요."

샤워를 마친 소정은 몸에 큰 욕실 수건 하나만 두르고 나왔다.

그 모습에 당건호가 속으로 '됐다!' 쾌재를 부르며 소정에게 다가가자 그녀는 고개를 저으며 낮게 말했다.

"안 씻어요?"

"아, 그렇지, 그래요."

당건호는 급히 욕실로 들어갔다.

욕조의 물은 이미 다 빠지고 없었다. 당건호는 하는 수 없이 다시 욕조에 물을 채웠다. 하지만 물줄기가 약해서 욕조가 차려면 시간이 걸렸다. 욕조에 앉아 물 흐르는 소리를 듣던 당건호는 방 안이 너무 조용하자 수도를 잠갔다. 아무 소리도 들리지 않았다. 당건호는 조급해졌다. 혹시 내키지 않아 그냥 가버린 것은 아닐까?

'그래, 일부러 나를 씻으라고 들여보내 놓고는 몰래 갔을 수도 있잖아?'

생각이 꼬리를 물자 더욱 불안해진 당건호는 알몸으로 욕실 문을 열어보았다. 다행히 소정은 침대 위에서 이불로 몸을 감싸고 그를 기다리고 있었다. 소정과 눈이 마주치자 당건호는 씩 웃으며 다시 욕실로 들어갔다. 당건호는 안도의 한숨을 쉬고 몸을 씻은 후 수건을 걸치고 욕실을 나왔다.

그런데 이게 웬일인가? 소정이 옷을 다 갖춰 입고 침대에 걸터앉아 있는 게 아닌가. 그녀는 기다렸다는 듯 커다란 눈으로 당건호를 노려보았다.

"당신 나를 뭘로 보는 거예요?"

예상치 못한 소정의 차가운 태도에 당건호는 그저 어안이 벙

병할 뿐이었다.

"도대체 무슨 말을…?"

"내가 당신 돈이라도 훔쳐서 도망갈 줄 알았어요? 그럼 지금 내 앞에서 없어진 물건 없나 검사라도 하시든가!"

말을 마친 소정은 몸을 휙 돌려 문을 쾅 닫고 나가버렸다. 문 밖에서는 그녀의 구두 소리만 요란하게 들려왔다. 다급해진 당건호는 앞뒤 가리지않고 그녀를 쫓아나갔다. 그런데 요란한 문소리를 옆 방 사람들도 들었는지 문을 열고 고개만 빠끔히 내민 채 지켜보고 있었다. 이를 어쩌나. 자신은 지금 맨 몸에 목욕 수건 하나만 덩그러니 걸치고 있지 않은가. "으아!" 얼른 들어가야지. "이런!" 다시 한 번 탄식이 나왔다. 방문이 자동으로 잠긴 것이다.

숨겨진 진실 엿보기

목욕 수건 하나만 덜렁 걸치고 호텔 복도에서 뭇사람들의 눈총을 받는 기분은 어떨까. 설상가상으로 방문까지 잠겼으니 이제 호텔 직원을 부를 수밖에 없다.

잘못하면 그 꼴을 하고 호텔 로비까지 내려가서 도움을 받아야 할지도 모른다. 그렇게 큰 공을 들이고 그렇게 완벽한 계획을 짜고, 소정도 잘 따라와 주었는데 눈앞에서 미모의 여인을 한순간에 놓쳐버렸다. 게다가 그 장소에 있던 사람들이 당건호를 천하의 몹쓸 놈으로 오해할 수도 있다. 여자가 엄청나게 화를 내며 뛰쳐나갔으니 말이다.

도대체 왜 일이 이렇게 꼬여 버렸을까?

이 모든 사태는 당건호가 욕실 문을 열었을 때 그녀와 눈이 마주쳤기 때문이다.

🐚 비천한 사람도 자존심만은 황후만큼 강하다

당건호가 나쁜 마음을 먹었거나 나쁜 짓을 한 것은 절대 아니다. 그는 소정이 남자가 씻는 사이 몰래 물건이나 훔쳐 달아나는 여자일 거라고 추호도 생각하지 않았다. 그저 아무 소리도 들리지 않자 혹시 생각이 바뀌어 그냥 가버린 것이 아닐까 걱정했던 것뿐이다. 소정이 그렇게 예민하게 반응할 줄은 꿈에도 몰랐을 것이다.

자존심은 절대 건드려서는 안 되는 물건이다. 문제는 그 물건이라는 것이 보이지가 않아 헤아리기가 어렵다는 사실이다.

존귀한 사람은 자존심이 강하다. 황후의 정조를 의심하는 것은 용납할 수 없는 행동이다. 그런데 비천한 사람 역시 자존심만큼은 황후에 뒤지지 않는다. 아니, 오히려 비천한 사람일수록 자존심이 더 셀 수도 있다. 다른 사람들이 자신을 얕볼까봐 더욱 내세우게 되는, 자격지심에서 비롯된 자존심은 굉장히 예민하게 반응하는 법이다.

그래서 탈모가 고민인 친구의 자존심을 상하게 하지 않으려면 머리에 대해 함부로 언급하지 말아야 한다.

뚱뚱한 사람 앞에서 자기가 최근 2kg이나 살이 쪄서 다이어트에 돌입했다고 하지 말아야 하고, 아들이 없어 고민인 사람 앞에서 처가부모가 사위에게 얹혀사는 법이 세상에 어디 있냐고 함부로 말하지 말아야 한다. 처세를 아는 사람이라면 항상 이런 긴장을 늦추지 않는다.

안전벨트를 매는 것이 상대를 모욕하는 일이다?

자존심은 나라마다 약간의 차이가 있다.

당신은 지금 안전벨트를 매는 습관이 없는 나라에 와 있다. 운전하는 친구는 안전벨트를 매지 않았다. 그런데 차에 올라타자마자 당신이 안전벨트를 맨다면 분명 친구는 기분 나빠하며 물을 것이다.

"내가 운전하는 게 불안해?"

당신의 상식이 모두의 상식은 아니다. 안전벨트를 매는 당연한 행동이 어떤 이들에겐 모욕이 되기도 한다.

전란 중인 국가를 방문했던 한 친구는 차를 운전하는 무서운 군인에게 위협을 당한 적이 있다. 친구의 행동으로 인해 하마터면 총의 방아쇠가 당겨질 뻔했던 것이다. 그 군인이 말했다.

"이 몸이 직접 운전을 하시겠다는데 지금 못 믿겠다는 거야? 빨리 내려! 어서!"

🔔 상대 앞에서 돈을 세는 것이 자존심을 건드리는 일이다?

인정과 체면을 중요하게 생각하는 동양권에서는 자존심에 더욱 민감하다.

누군가가 당신에게 한 뭉치의 지폐를 주며 모두 얼마라고 말해준다고 하자. 그가 맞는지 한번 세어보라고 하지도 않았는데 당신은 돈을 받은 즉시 그 자리에서 한 장 한 장 세고 있다. 그렇다면 상대방은 십중팔구 눈을 동그랗게 뜨고 당신의 행동을 살필 것이다. 비록 "안심하세요! 절대 남의 돈 떼어먹지 않습니다!"라고 말하지는 않더라도, 아마 마음속으로는 이미 독설을 실컷 퍼붓고 있을지도 모른다. 상대방의 그런 반응에 당신도 긴장하기 시작하여 지폐를 잘못 세고 그 결과 만약 그 사람이 말한 액수보다 적다면 그때는 어떻게 하겠는가? 그 자리에서 또 다시 셀 수 있겠는가?

🍂 중간에 자리를 뜨는 것이 상대를 무시하는 일이다?

서구사회라고 해서 사람들이 좀더 자유로울 것이라는 생각은 금물이다.

내 미국인 친구의 이야기다. 회사에서 회의시간에 한 사람씩 돌아가며 발표를 하고 있었는데, 마침 급한 일이 있어 중간에 일어서야 했다. 그런데 그 친구가 자리를 뜰 때 발표를 하고 있었던 사람이 나중에 그 친구를 찾아와서는 발표를 한 자신의 관점에 동의하지 않아 그렇게 나가버린 것이냐며 항의를 했다는 것이다. 그는 자신의 안건을 비판한 사람보다도 자리를 뜬 내 친구에게 더 화가 나 있었다.

또 다른 한 친구가 비행기를 탔을 때의 일이다. 옆 좌석이 비어 넓게 공간을 쓸 수 있겠다고 생각하던 때에 한 흑인이 그의 옆자리에 앉았다. 마침 뒷좌석이 모두 비어 있는 걸 본 이 친구는 뒷자석으로 자리를 옮겼다. 그러자 그 흑인이 뒤로 돌아앉아 그 친구를 무섭게 노려보았다. 마치 뜨거운 주먹맛을 보고 싶으냐는 듯이.

🐌 너 지금 나라고 말하고 싶은 거니?

이런 일은 학교 안이라고 해서 예외가 아니다.

한 학생에게 직접 들은 이야기다. 체육 수업 때문에 모두 운동장으로 나갔던 어느 날 이 학생은 친구와 함께 교실에 남아 있었다고 한다. 그때 갑자기 같은 반 친구 한 명이 교실로 뛰어 들어와 책상 서랍 속에 넣어둔 물건이 사라졌다며 다급하게 물건을 찾기 시작했다. 그 학생은 친구의 말에 "난 안 가져갔어!"라고 말했다. 그러자 같이 교실에 남았던 다른 학생 한 명이 갑자기 화를 내며 "네가 안 가져갔으면 내가 가져갔다는 말이야?"라고 했단다.

자신의 결백을 증명하기 급급해 친구의 체면을 미처 챙기지 못했던 것이다. 그 일로 두 사람은 한동안 서먹서먹하게 지냈다고 한다.

적절한 말 한마디로 오해를 막아라

이제 당신은 이런 상황이 닥쳤을 때 어떻게 해야 하는지 물을 것이다. 방법은 간단하다!

만약 운전을 하는 사람이 안전벨트를 매지 않는다면 당신이 직접 매주면 된다. 만약 거절하더라도 그는 이렇게 말할 것이다. "안전벨트 매는 습관이 있으시면 매세요." 이때 당신은 살짝 웃으며 이렇게 받아치면 된다. "죄송해요. 집사람이 하도 안전벨트 매라고 난리를 치는 통에 버릇이 됐네요."

물론 이렇게 하면 부인에게 잡혀 사는 사람이라는 오해는 사겠지만 말이다.

회의 중간에 자리를 떠야 할 경우, 되도록이면 그 시간에 발표를 할 사람에게 미리 말해주는 것이 좋다. 회의실에서 나갈 때 누가 발표를 하고 있을지 혹은 누가 발표하기 위해 준비할지는 예상할 수 있을 것이다. 그 사람에게 사정을 말해주면 개인적인 마찰을 피할 수 있다. 또 이 행동을 되도록이면 많은 사람들이 볼 수 있도록 해야 한다. 귀띔을 해줬다 하더라도 사람들이 모른다면 당신이 자리를 뜰 때 발표자의 체면이 구겨질 수 있기 때문이다.

반대로 당신이 발표를 할 때 누군가가 일이 있어 나가야 한다면, 상대방의 어색함도 미연에 방지하고 자신의 체면도 살리는 차원에서 이렇게 한번 말해보자. "~씨, 급한 일이 있다고 들었습니다. 시간 되면 미안해하지 말고 가셔도 괜찮습니다."

어떤가? 상대방도 배려하고, 자신의 자상함도 한껏 과시할 수 있지 않겠는가.

비행기에서 봉변을 당할 뻔했던 그 친구도 만약 그 흑인에게 "죄송합니다만, 제가 창가 쪽 자리에 앉고 싶어서요. 실례가 안 된다면 뒷자리로 옮겨가도 괜찮겠습니까?"라고 말했다면 어땠을까?

그 흑인이라고 자리를 넓게 쓰고 싶은 마음이 왜 없겠는가. 그날의 그런 분위기가 연출된 이유는 단 하나, 자존심을 건드리는 행동 때문이었다. 정중하게 동의를 구한다면 흑인도 기꺼이 그러라고 했을 것이다.

교실에 남아 있었던 학생도 마찬가지다. 같은 말도 좀더 기교를 부렸어야 했다. "교실 안에 우리 둘밖에 없었어. 얘는 안 가져갔을 테고, 나도 안 가져갔는데."

여기까지 읽은 당신, 그렇다면 앞에 이야기의 당건호는 어떻게 했어야 옳았을지 궁금해질 것이다. 그것 역시 너무나 간단하다!

그는 적당한 구실을 찾았어야 한다. "이를 어쩌나! 내가 휴대

폰을 식당에 놔두고 온 것 같은데." 그러고는 다급한 듯 소정에게 말하는 것이다. "내 옷 주머니 안에 휴대폰이 있나 한 번 봐줄래요?"

그랬다면 소정도 당건호의 행동에 크게 신경 쓰지 않았을 것이다.

소심한 사람을 조심하라

예전에 한 중년부인이 들려준 일화가 있다. 두 사람이 소파에 앉아 이야기를 하고 있다가 한 명이 화장실에 간다고 일어섰다. 그런데 화장실에서 황급히 뛰어나오더니 소파에 있던 자기 가방을 들고 도로 들어가더라는 것이다. 그녀는 매우 기분이 나빴다.

"도대체 가방 안에 얼마나 중요한 것이 들어 있기에 그랬는지 모르겠더라고요! 내가 뭐라도 가져갈까봐 얼른 가방 가지고 다시 들어가는 꼴이라니. 사람을 무시해도 정도가 있지!"

그녀는 목에 핏대까지 세우며 분노했다. 충분히 이해가 되는 상황이었다. 가방에 무슨 비밀이 있는지는 모르겠지만, 그 친구도 가방을 가져가기 전 그녀에게 이렇게 한마디쯤 해줄 수 있지 않았을까.

"아, 간 김에 화장 좀 고쳐야겠어. 거울을 보니 얼굴이 엉망이더라고."

이 한마디였다면 아무 문제없었을 것이다.

🌱 고칠 수 없는 버릇도 방법은 있다

한 여고생은 버스 안에서 한 번 소매치기를 당한 후로는 버스에 타면 정류소를 지날 때마다 가방 속 물건을 확인하는 습관이 생겼다. 문제는 그 모습을 본 친구들이 자기를 의심한다고 생각해 자존심에 상처를 입고 그 학생을 따돌리게 된 것이다.

만약 그 여고생이 먼저 "나 정말 불쌍하지 않니? 소매치기 당한 이후로는 너무 불안해서 나도 모르게 가방을 계속 확인하게 되는 거 있지. 너희들이 이해 좀 해줘."라고 말하고 양해를 구했다면 친구들은 진심으로 그녀를 이해하게 되었을 것이다.

누구를 만나더라도 긴장을 늦추지 말라.
당신에게 당연한 것이 상대에겐 당연하지 않을 수도 있다.
처세의 기본은 다른 사람에게 괜한 오해를 사지 않는 것이다.

 # 소문,

신중하지 못한 행동이
돌이킬 수 없는 소문을 만든다

사진 한 장으로
모든 것이 꼬이다

"왕 교수님!"

청량한 목소리를 듣자마자 왕王 교수는 주애린이라는 것을 알 수 있었다. 그녀의 용건을 들어볼 필요도 없다는 듯 왕 교수가 웃으며 말했다.

"안심해. 자네 논문을 봤는데 통과하는 데 문제없을 거야."

"교수님이 그렇게 말씀해주시니까 마음이 놓이네요."

감사의 인사를 하던 주애린이 안도의 한숨을 쉬고 다시 말을 이었다.

"아, 맞아요! 교수님 그 사진 마음에 드세요?"

"무슨 사진?"

"교수님하고 저하고 찍은 사진이요. 왜 저번에 과에서 양명산으로 엠티 갔을 때 교수님하고 저하고 한 장 같이 찍었었잖아요. 이 조교가 제 사진기로 우리 둘만 찍어줬던 그 사진이요."

"엠티 가서 찍은 사진은 학과 게시판에 다 붙여 놓지 않았어?"

"아, 그 사진은 교수님하고 저하고 둘이 찍은 거라서 제가 미리 빼놨었어요. 아직 못 보신 거예요? 제가 논문이랑 같이 서류 봉투에 넣어서 보냈는데."

"뭐라고! 논문에 끼워놨다고?"

왕 교수는 당황하며 입을 다물지 못했다.

왕 교수는 책상 위의 물건들을 재빨리 살펴보기 시작했다. 서류봉투라고 생긴 것들은 모두 다 뒤져보았지만 주애린이 보내온 서류봉투는 찾을 수 없었다. 기진맥진하여 의자에 푹 주저앉은 왕 교수는 그제야 조 비서가 생각났다. 전부터 조 비서에게 전해

줄 작품이 있었는데 어제 마침 조 비서가 연구실로 찾아왔기에 손에 잡히는 봉투에 작품을 넣어준 것이다. 그게 주애린이 논문과 사진을 넣었던 서류봉투인 게 틀림없었다.

왕 교수는 바로 조 비서에게 전화를 걸었다.

"어제 제가 받자마자 그 길로 표구사에 가져다 맡겼습니다."

조 비서는 웃으면서 말했다.

"다시 한 번 꺼내서 살펴보지 않았어?"

"아니요. 어제 교수님 연구실에서 확인했었잖아요. 교수님 글씨는 역시 타의 추종을 불허한다니까요. 표구사에 가능하면 빨리 작업해 달라고 했어요. 설에는 꼭 걸어야 한다고요. 복을 불러오는 글자잖아요."

"그게 어느 표구사야?"

왕 교수는 더욱 다급해졌다.

"내가 그 봉투 안에 넣어둔 물건이 있는데 깜빡 잊고 꺼내질 않았거든."

"어머, 그래요?"

수화기 너머로 조 비서가 동료에게 하는 말들이 들려왔다. 알고 보니 조 비서 역시 작품을 받아 동료에게 표구사에 맡겨달라

고 부탁한 것이다.

전화를 끊은 왕 교수는 곧바로 학교 앞 표구사로 달려갔다.

"못 봤는데요. 자, 이거 한 번 보십시오."

표구사의 사장은 벽에 걸린 왕 교수의 작품을 가리키며 말했다.

"오늘 아침 일찍 제가 신경 써서 다 해놓았습죠. 설 전에는 꼭 다 해놓아야 한다고 조 비서가 저를 얼마나 닦달하던지."

왕 교수가 그 봉투에 대해 재차 묻자 표구사 사장은 폐지를 담아놓은 상자를 이리저리 뒤지더니 못 찾겠다며 두 손을 탁탁 털었다.

설 연휴가 지나고 논문 심사가 있었다. 이번 논문 심사의 대상은 모두 네 명이었다. 앞의 세 명의 논문은 모두 무난하게 통과되었다.

"이제 주애린의 논문 심사가 있겠습니다. 왕 교수는 이 논문 어때요?"

주임교수는 마지막 논문을 집어 들고는 왕 교수를 쳐다보며 의미심장하게 웃었다.

"괜찮은 것 같습니다.", "저도 그렇게 생각합니다.", "짜임새가 훌륭하던데요."

왕 교수가 대답을 하기도 전에 다른 교수들이 먼저 대답을 해 버렸다. 그중 황黃 교수의 말투가 왕 교수의 귀에 약간 거슬렸다.

"다 괜찮다고 생각하는데 뭐 더 심사할 게 있겠습니까. 빨리 통과시키죠! 통과! 통과!"

말을 마친 황 교수는 크게 하하 웃으면서 자리에서 일어났다.

"주임 교수님, 이만 마치는 게 어떻습니까. 왕 교수님이 약속이 있으실 수도 있잖아요."

"네? 아니, 아니에요!"

왕 교수는 얼굴색까지 변하며 손을 내저었다.

"제가 주애린의 논문을 읽어봤는데 저는 탐탁지 않았습니다. 이렇게 통과시킬 순 없습니다."

숨겨진 진실 엿보기

왕 교수는 왜 주애린의 논문 통과를 막았을까?
분명히 그녀에게 논문심사 통과는 문제없을 거라고 말했다. 다른 교수들도 모두 '통과'를 주장했다. 하지만 왕 교수는 이제 주애린과 거리를 둘 수밖에 없었다. 바로 주애린과 단 둘이 다정한 포즈로 찍은 사진 때문이었다.

왕 교수는 그 사진이 누구로부터 유출되었는지도 정확히 알지 못했다. 조 비서? 그의 동료? 아니면 표구사 사장? 모두 다 가능성이 있는 인물이고, 또 누구로부터 유출되었든 골치가 아프기는 마찬가지다.

조 비서는 학과장과 가까운 사람이다. 조 비서가 사진을 발견했다면 학과장까지도 벌써 사진을 봤을 가능성이 크다. 조 비서의 동료 역시 주변에 같이 일하는 사람들이 많기 때문에 소문이 퍼지는 속도가 굉장히 빠를 것이다. 일단 한 사람의 입에서 안 좋은 이야기가 흘러온다면 학교 전체로 퍼지는 건 시간문제다.

표구사 사장도 그렇다. 다양한 고객층을 상대로 하고 있는 그가 사진에 대해 알고 있다면 각계각층으로 소문이 퍼져나갈 것이다. 게다가 왕 교수는 '예술' 하는 사람이 아닌가. 이 바닥에서 스캔들은 더욱 날개 돋친 듯 퍼져나가게 마련이다. 더욱이 설 연휴를 보내는 동안 이 집 저 집 인사 다니면서 허튼소리를 늘어놓았을 테고 모두들 그런 일이 있느냐며 비웃지 않았을까. 어쩐지 논문심사 때 동료교수들의 언행이 어딘가 모르게 이상했다.

과연 왕 교수는 정말 주애린과 무슨 일이 있었던 것일까? 그 사진이 그렇게 남에게 보이지 못할 정도의 물건인 것일까?

그렇지 않다! 그 사진은 과에서 단체로 엠티를 갔을 때 조교가 주애린의 카메라로 찍은 것이다. 설사 왕 교수와 주애린 사이에 무언가 있다 해도 학과 사람들이 모두 있는 앞에서 두 사람이 과도하게 애정행각을 벌였을 리는 없다.

그렇다면 사람들도 굳이 이상한 방향으로 그 사진의 의미를 몰아갈 필요는 없지 않을까?

🐌 소문은 덧붙으면 덧붙을수록 검어지게 마련이다

한 가지 상황을 설정해 보자. 당신이 길을 가고 있는데 개 한 마리가 당신을 보며 무섭게 짖어댄다. 하지만 당신이 아랑곳하지 않는다면 그 개는 몇 번 컹컹거리다가 그만둘 것이다. 반면에 개가 짖기 시작하자마자 당신이 겁을 먹고 도망간다면 개는 당신을 쫓아가면서 계속 짖어댈 것이다.

평소 경찰이 동네를 순찰하는 것도 마찬가지다. 당신이 경찰을 보자마자 걸음을 빨리 옮긴다든가 달리기라도 하면 경찰은 분명 당신을 쫓아갈 것이다. 운전을 할 때도 경찰차를 보고 갑자기 속도를 낸다면 경찰은 당신이 혹시 교통법규라도 위반하지 않았는지 혹은 차 안에 불법약물, 무기 등을 숨기고 있는 것은 아닌가 의심할 것이다. 당신이 도둑도 아니고, 지은 죄도 없다면 겁부터 집어먹고 달아날 리 없다고 단정하기 때문이다.

🐌 죄가 없어도 소문이 나면 벌을 받는다

앞의 이야기도 같은 논리로 해석이 가능하다.

주애린은 엠티에서 찍은 사진을 모두 학과 게시판에 붙여놓았다. 아마도 사진마다 번호를 매겨서 그 사진이 필요한 사람의 수

만큼 사진을 더 현상했을 것이다. 그런데 주애린과 왕 교수가 찍은 사진만은 유독 게시판에 붙지 않았다. 또 하필이면 주애린이 논문을 보내왔을 때 왕 교수는 서류봉투 안에서 논문만 빼고 같이 들어있는 사진은 보질 못했다. 그래서 일은 이상한 방향으로 진행되었다.

'왜 왕 교수와 찍은 사진만 따로 빼놓았을까?'

'주애린이 왕 교수에게 사심이 없었다면 굳이 그럴 필요가 있었을까?'

소문에 살이 덧붙여지고 와전이라도 된다면 결국에는 정말 말도 안 되는 이야기로 둔갑하고 만다. 일이 더 커지면 왕 교수의 가정에는 한바탕 폭풍이 몰아닥치고, 주애린 역시 학교에 더 이상 남아 있지 못하게 된다.

🍃 작은 일에도 신중하라

회사를 다니는 사람들이라면 이런 종류의 일을 한 번쯤은 겪어봤을 것이다.

한 사람이 몇 번 사용한 듯한 서류봉투에 물건을 담아 당신에게 전달해주었는데, 안에 있는 물건을 꺼내려고 할 때 봉투 안에서 작은 메모가 하나 톡 떨어진다. 그 메모는 당신 것이 아니라 물건을 전해준 그 사람에게 누군가가 쓴 것이다.

그런데 메모를 읽어보니 내용이 하필이면 '비밀' 혹은 '들리는 소문'에 대한 것이다. 마치 공식적으로 전하는 편지나 메일에는 쓸 수가 없는 것이어서 몰래 메모를 통해 전하려는 것처럼 보이는 것이다.

이러한 사태는 모두 작은 것에 신중하지 않은 태도에서 비롯된다. 사진을 논문과 함께 봉투에 넣은 주애린의 행동은 현명하지 않았다. 만약 왕 교수가 사진을 못 보고 봉투를 그대로 집에 들고왔는데, 부인이 안에 있는 물건을 왕 교수보다 먼저 봤다면 부인은 무슨 생각을 했을까?

주애린이 신중했더라면 격식에 맞는 편지를 쓴 뒤 그것을 편지봉투에 넣고 봉투 겉면에 왕교수의 이름을 써서 책 속에 끼워 넣거나, 핀으로 책 표지에 고정시킬 수도 있었다.

책을 보내거나 소포를 보낼 때 그 안에 편지나 사진 등을 함께 보내는 경우가 종종 있다. 매우 막역한 친구 사이가 아니라면 간단히 몇 마디라도 편지지에 써서 그것을 봉투에 넣어 첨부하는 것이 옳다. 봉투에는 받는 사람의 이름을 정성스럽게 써넣자. 아무 것도 쓰지 않는 것도 예의에 어긋난다. 이렇게 하면 상대방에게 예의와 존경의 뜻을 모두 나타낼 수 있다.

사람이 상대방을 '존경'하면 어떤 행동이든 '신중함'이 더해지는 법이다. 당신이 존경심에서 비롯된 신중함을 보이면 상대방은 봉투에서 편지를 꺼내보기도 전에 이미 당신에게 호감을 가지게 된다. 물론 이 이야기에서 주애린의 실수로 인한 어처구니없는 해프닝도 일어나지 않았을 것이다.

괜한 오해를 사서 쓸데없는 소문을 만들지 말라.
오이 밭에서는 신발 끈을 묶지 않는 법이다.

 **정보,**

상대에 대해서는 철저히 조사하고
당신의 정보는 철저히 감춰라

**종이 한 장에
덜미를 잡히다** "내가 작업확인서에 분명히 12일까지 물건 넘겨줘야 한다고 했잖아! 무슨 문제가 있으면 당장 나한테 알려달라고 특별히 써넣기까지 했는데 이제 와서 16일까지 미뤄달라고? 외국에 있는 고객들이 만약에 물건 안 받겠다고 하면 당신이 책임질 거야?"

오吳 사장은 화가 머리끝까지 났다. 정鄭 사장은 얼굴이 하얗게 질렸다 붉어졌다를 반복하며 겨우 더듬더듬 말을 이었다.

"저… 저는 정말 못 봤습니다. 제가 두 번이나 봤었는데 혹시 안 쓰신 건 아닌지…."

"이 사람이 정말! 내가 그렇게 정신없이 사는 줄 알아? 못 믿겠다면 내가 팩스로 보내준 서류 이리 가져와 봐! 만약에 안 쓰여 있으면 내가 솔직하게 인정할 테니까. 만약에 쓰여 있으면, 무슨 방법을 써서라도 12일까지 맞춰!"

정 사장은 오 사장이 보는 앞에서 자신의 회사로 전화를 걸어 직원에게 오 사장이 팩스로 보내온 서류를 당장 가지고 오라고 했다. 30분이 채 되지 않아 정 사장의 작은 처남이 숨을 헐떡거리며 서류를 가지고 왔다.

헌데 이게 웬일인가! 아래쪽에 오 사장이 특별히 써넣었다던 메시지가 없지 않은가. 알고 보니 팩스기계에 문제가 있어서 아래쪽 일부분이 전송되지 않았는데, 바로 그 부분이 오 사장이 12일까지 앞당겨서 보내달라고 특별 부탁을 한 부분이었던 것이다.

두 사람은 한동안 멍하니 말이 없었다. 오 사장은 종이를 앞뒤로 훑어보았다. 보면 볼수록 한숨만 나왔다.

"이 봐, 정 사장. 당신 무슨 팩스기 쓰는 거야? 그리고! 이거

아껴도 너무 아끼는 거 아니야? 어떻게 한 번 썼던 종이를 또 쓸 수가 있어. 이러니 팩스기가 고장나지."

정 사장은 애써 웃어보였다.

"환경보호 차원 아닙니까? 돈 벌기도 힘든데 아낄 수 있는 건 아껴야죠."

오 사장은 화가 나기도 하고 좀 민망하기도 했다. 그는 한숨을 내쉬고 다시 한 번 확인해 보려는 듯 팩스용지를 내려다봤다. 그런데 종이가 뒤집어져서 본의 아니게 용지의 뒷면을 보게 됐다. 오 사장은 용지를 원래대로 뒤집으려고 하다가, 순간 멈칫했다. 뭔가 눈에 들어왔다. 오 사장은 팩스 뒷면을 자세히 들여다보았다. 그리고 곧 눈이 휘둥그레졌다.

"어라, 이게 뭐야?"

정 사장이 웃으며 뭘 봤냐고 묻자, 오 사장은 아까보다 훨씬 더 화가 난 얼굴로 이면지 부분을 그의 눈앞에 내밀었다.

"여기 쓰여 있는 게 당신이 다른 회사에 제시한 가격이란 말이야?"

정 사장은 오 사장의 회사에서 돌아오자마자 전 직원에게 야근을 명령했다. 며칠을 야근한 결과 겨우 12일까지 기한을 맞출 수 있었다. 뿐만 아니라 정 사장은 특별히 오 사장에게 10% 할인된 가격을 제공했다.

숨겨진 진실 엿보기

정 사장은 왜 순순히 기한을 맞추고 거기다 가격까지 할인해줬던 것일까? 한마디로 오 사장에게 꼬투리를 잡혔기 때문이다. 오 사장의 회사와 경쟁사인 모 회사에 제시한 가격이 오 사장에게 제시한 가격보다 저렴했던 것이다.
오 사장과 정 사장은 어쩌면 오랜 시간 거래관계를 다져온 사이일 수도 있다. 그리고 그 모 회사는 새로운 고객일지도 모른다. 정 사장은 오랜 고객을 배반한 채 새 고객에게 더 저렴한 가격의 서비스를 제공했던 것이다. 이 사실을 발견한 오 사장은 그 자리에서 폭발했고 정 사장은 가격을 깎아줄 수밖에 없었다.

🎐 사업의 세계에서 '이利'와 '의義'는 별개다

위의 이야기를 들으면 오랫동안 거래관계를 다진 사람들끼리 설마 그랬을까 싶을 것이다.

하지만 사업의 세계에서 '이利'와 '의義'는 완전히 별개의 문제라는 것을 알아둬야 한다. 당신의 거래처 사장은 당신에게 비싼 음식을 대접하며 자신의 회사를 이용한 것을 고마워한다. 하지만 그는 내일 아침 당신에게 보낼 가격이 훨씬 저렴해질 수 있다는 것도 알고 있다. 단지 당신이 그것을 발견하지 못하고 문제점으로 제기하지 않으니 나서서 가격을 깎아주지 않는 것이다.

결국 당신이 꼼꼼하지 못한 탓이다. 당신이 아직 사업에 서툰 탓이다! 다시 말하면, 당신이 손해 보는 이유는 바로 당신이 못난 탓이고 게으름을 피운 탓이다.

사업에 정가定價란 없다

당신이 만약 사업에 몸담고 있다면 한 가지 이상한 점을 발견할 수 있다. 대부분의 영업대표들이 견적을 뽑아보는데 그 자리에서 가격을 말하지 않고 꼭 돌아가서 자료를 참고해 제시하겠다고 하는 점이다. 더욱 이해가 안 되는 것은, 옛날에 견적을 한 번 뽑아봤던 내용에 대해 다시 견적을 넣어달라고 하는데도 같은 내용임에도 불구하고 꼭 하는 말이 회사로 돌아가서 원래의 자료를 찾아보겠다고 하는 것이다.

만약 어떤 물건에, 얼마만큼의 수량은 얼마라는 '정가'가 존재한다면 그들이 돌아가 자료를 찾을 필요가 있을까? '정가'가 있다면 당연히 그런 수고를 할 필요가 없다. 그들이 가격을 나중에 말해주는 이유는 따로 있다. 전보다 낮은 가격을 제시해 당신에게 뒷덜미를 붙잡힐까봐 두려운 것이다!

사람에 따라 가격도 다르다

가격을 제시하는 사람은 고객이 누구냐에 따라 가격을 정하는 기준을 바꾸기도 한다. 일전에 들었던 사례를 하나 소개하겠다.

양梁 씨는 어느 날 모델하우스에서 본 집이 마음에 들어 회사 직원과 가격에 대해 이야기를 하기 시작했다. 먼저 양 씨를 안내해줬던 여자 직원이 목록을 하나하나 짚어가며 그와 이야기를 나누었다. 그러더니 작은 목소리로, 양 씨에게 특별할인가를 적용할 수 있는지 알아보겠다며 기다리라고 했다. 양 씨가 기다리는 동안 그녀는 뒤쪽에 있던 주임에게 다가가서는 몇 마디를 주고받았다.

잠시 후 그녀는 주임과 함께 다가왔다. 두 사람은 소리 없이 계산기의 숫자를 입력하여 양 씨에게 보여주었다. 그리고 절대 다른 사람에게는 말하지 말라고 특별히 주의를 줬다. 계산기에는 10% 인하된 가격이 찍혀 있었다. 그러면서 하는 말이 당신은 운이 정말 좋다며, 특별히 주임이 모델하우스에 있는 시간에만 이런 가격이 가능하다고 말했다. 하지만 그래도 생각보다는 비싸다고 생각한 양 씨는 모델하우스를 나가려고 했다. 그러자 그들은 혹시 모르니 연락처를 남겨 달라고 부탁했다.

그날 양 씨가 집에 도착하자 전화벨이 울렸다. 이번에는 방금 전 상담을 했던 직원들보다 더 직급이 높은 사람이 5% 가격을 추가적으로 할인하겠다고 제시했다. 아마 다른 고객들 앞에서 가격을 인하해주는 모습을 보이기가 싫어서 연락처를 남겨 달라고 한 모양이었다.

어째든 새로운 제안을 들은 양 씨는 마음이 흔들렸다. 아무리 생각해도 15% 밑으로는 더 이상 가격이 내려갈 것 같지 않았다. 일단 양 씨는 결정을 미루고 건설업을 하는 친구에게 가격이 적당한지 물어보았다. 그런데 놀랍게도, 양 씨의 친구가 그 회사의 높은 사람과 잘 아는 사이였고, 친구가 바로 그 사람에게 연락을 하자 가격이 한 번에 25%까지 할인되었다. 잘 나가는 친구 덕분에 10%나 더 할인을 받은 것이다.

🐚 당신이 나서지 않으면 아무도 당신을 챙겨주지 않는다

이렇듯 장사꾼들에게 '정가'란 존재하지 않는다. 그렇기 때문에 '흥정'이라는 것이 존재하는 것이다. 마찬가지로 국가 간의 외교전선에도 '정情'이니 '의義'니 하는 것들은 존재하지 않는다. 그래서 '외교담판'이 생기는 것이다. 당신이 만나는 수많은 사람들이 가진 권력이 다르다면 그 사람들이 당신을 위해 양보할 수 있는 공간도 당연히 달라진다.

또 가격은 시간과 환경의 변화에 따라 달라지기도 한다. 장사나 사업을 처음 시작하는 사람들은 물가는 꾸준히 오르기 마련이니 제조비만 크게 상승하지 않는다면 큰 이익을 볼 거라 생각할 것이다. 하지만 이는 착각이다.

예를 들어보자. 작년에 제조비로 공장에 낸 돈은 제품 단위당 5,000원이었고 물건은 1만 원에 팔렸다. 인건비, 광고비, 운송비 등을 제하고 나자 제품 단위당 순이익은 2,000원이 되었다. 하지만 올해 장사가 좀 주춤해 가격을 8,000원으로 내렸고 이런 식으로라면 내년에는 물건 가격을 7,000원 이하로 내려야 할 것 같다. 그럼 당신은 그때부터 손해를 보게 된다. 당신에게 제품을 납품하는 공장은 당신이 아무 말 하지 않았는데 알아서 5,000원이하로 물건을 만들어주지는 않을 것이기 때문이다. 손해를 막기 위해 회사 직원들의 월급까지 줄였다고 해서 그 공장이 가련한 당신과 함께 '동고동락同苦同樂' 해줄까?

이때는 당신이 그 공장으로 찾아가 함께 허리띠를 졸라매자고 설득하고 애절하게 부탁해야 한다. 그렇지 않으면 당신은 말 그대로 바보다. 당신이 가만히 있으면 아무도 당신을 챙겨주지 않는다.

서류 뒷면을 보게 되었을 때를 생각하라

이제 다시 앞의 이야기로 돌아가보자.

오 사장은 꼼꼼히 가격비교를 할 줄 아는 사람은 아니었던 듯하다. 그래서 정 사장이 다른 회사에는 더 저렴한 가격으로 공급한다는 것도 미처 생각하지 못했던 것이다. 그나마 정 사장의 부주의로 뒷면에 다른 회사에 제시한 견적 혹은 작업확인서가 인쇄된 종이가 오 사장의 손에 들어왔으니 다행이다.

정 사장이 말한 것처럼, 많은 회사에서 비용을 절약하거나 환경보호를 위해 이면지를 사용한다. 물론 좋은 일이다. 하지만 그만큼 각별히 조심해야 한다. 이면지를 통해 기밀이 누출되는 경우가 종종 있기 때문이다.

여기서 만약에라도 생길 수 있는 다른 경우도 한 번 생각해 보자. 오 사장은 정 사장이 보낸 작업확인서(상호, 제품명, 수량, 제조단가, 세금 등을 종이 한 장에 일목요연하게 적어 고객에게 보내면 고객은 확인 후 도장을 찍어 다시 되돌려 보내는 상업문서)를 확인하고 다시 팩스로 정 사장에게 돌려보냈다. 정 사장은 이를 팩스로 받아본 후 종이의 뒷면이 비어 있는 것을 보고 다시 팩스기 안에서 넣었다. 그리고 그 다음 날 모 회사에서 보낸 작업확인서가 팩스로 도착해 그 이면지에 인쇄되어 나왔다. 만약 그 문서를 모 회사의 사장이 보게 되었다면 그도 분명 정 사장이 오 사장에게 제시한 가격이 얼마인지를 알게 되었을 것이다.

그래서 프린터기나 팩스기를 사용할 때 이면지를 사용하려면 자체적으로 이면지도 '여과' 시켜야 한다. 아무리 회사 밖으로 나갈 가능성이 없는 내용이라고 해도 회사 내부 사람에 의해 기밀이 유출될 가능성은 얼마든지 발생한다.

요즘 미국에서 판매량이 급증하고 있는 사무기계가 문서분쇄기인 데는 다 이유가 있는 것이다.

개인 정보를 재산처럼 보호하라

평범한 소시민도 이제 정보 보안의 문제에서 자유롭지 못하다.

이 시간에도 많은 사람들의 신용카드가 본인의 손이 아닌 범죄자의 손에 들어가고 있다. 또 은행과의 거래 후 받는 영수증을 무심코 버렸다가 낭패를 당하는 경우도 있다. 영수증을 통해 은행잔고가 많다는 사실을 알고 협박이나 납치를 하는 사건들이 생기는 것이다.

장아이링張愛玲(중국의 여류작가—옮긴이)이 대중 앞에서 모습을 감추고 이렇다 할 책상 하나 없이 로스앤젤레스에서 그녀의 만년을 보내고 있을 때다. 그녀가 내다 버린 쓰레기를 샅샅이 뒤져 검사하는 사람이 있을 줄 그 누가 알았을까. 심지어 그 사람은 장아이링이 죽은 후 자신이 찾아낸 내용들을 만천하에 공개하기도 했다.

이런 낭패를 당하지 않으려면 개인 정보에 대해 보다 신경을 써야 한다. 만약 자신의 집 편지 수신함이 안전한지 확신할 수 없다면 은행에다가 지로용지를 집으로 보내지 말라고 신청하면 된다. 요즘은 이메일로 확인내역을 보내는 것도 많이 보편화되어 있다.

그리고 이면지를 활용하고 싶다면 뒷면에 적힌 내용이 무엇인지 한 번쯤은 주의 깊게 살펴봐야 한다. 아무리 별 문제가 없는 내용이라 하더라도 연필로 크게 엑스표를 그어주는 센스가 필요하다. 만약 문서분쇄기가 없다면 기밀이 담긴 문서는 잘게 찢어 각기 다른 휴지통에 버리도록 하자. 예를 들어 종이를 여덟 조각으로 찢었다면, 네 조각은 서재의 휴지통에, 네 조각은 거실의 휴지통에 버리는 것이다.

너무 공포스러운 분위기를 조성한 것 같지만 사실 시대가 그렇지 않은가. 시대에 맞는 민감성과 경각심은 항상 가질 필요가 있다. 이런 이야기를 늘어놓는 이유는 당신을 '속고 속이는 사회'로부터 안전하게 보호하기 위해서다.

당신이 신경을 쓴 만큼 이익이 돌아온다.
적을 알고 나를 감추면 백전백승이다.

기회,

배경과 능력이 부족하더라도
기회가 오면 일단 잡아라

기회를 얻어
진실이 된 거짓말 "언변도 좋고, 학력도 괜찮고, 영어구사력도 훌륭한데."

면접 담당자인 당唐 주임이 말했다.

"그런데 이것 하나는 알아두어야 해요. 우리는 지금 막 정착하는 단계라서 직원이 별로 없어요. 그래서 한 사람이 세 사람 몫을 해야 해요. 여자 몸으로 힘들 것 같은데 잘 견딜 수 있겠어요?"

"당연하죠!"

진가흔은 자신감이 넘치는 듯 시원하게 대답했다.

"거래문서는 작성할 수 있나요?"

"그럼요!"

"영문타자 속도는 어때요?"

"빠른 편입니다."

"운전도 할 수 있고요?"

"네!"

설마 했는데 꿈같은 일이 벌어졌다. 60대 1의 경쟁률을 뚫고 진가흔이 입사에 성공한 것이다. 그런데 정작 합격 소식을 듣고 회사를 빠져나오는 진가흔의 발걸음은 가볍지만은 않았다. 아니, 발에 무거운 추라도 달아놓은 것만 같았다. 사실 진가흔은 거래문서를 단 한 번도 작성해본 적이 없었다. 그뿐인가. 영문타자 속도도 느리고, 운전대는 아예 잡아본 적도 없었다.

회사를 빠져나온 진가흔은 바로 운전학원으로 달려갔다. 운전학원에는 훌륭한 시설들이 갖춰져 있었다. 듣기로는 직원들과 이야기만 잘 하면 1개월 과정만 듣고도 필기와 실기를 모두 속성으로 통과할 수 있다고도 했다.

"안 돼요! 저는 그보다 더 빨리 따야 해요. 빠르면 빠를수록 좋아요!"

진가흔이 금방이라도 울음을 터뜨릴 것 같은 목소리로 졸라댔다. 운전학원 직원은 잠깐 생각에 잠기더니 이렇게 말했다.

"예, 좋습니다! 하시는 거 봐서 조정이 가능합니다. 하지만 추가 비용은 지불하셔야 합니다!"

그런 다음 진가흔은 서점으로 달려가 거래문서 작성에 관한 책들을 단숨에 찾아 집어 들고 집으로 돌아와 공부를 시작했다. 공부를 하다 보니 어느덧 새벽 3시였다. 다음 주부터 출근인 것이 그나마 얼마나 다행인지 몰랐다.

하지만 다음 날 아침부터 복병이 나타났다. 바로 옆방에 살고 있는 사람이었다.

"저기요, 아가씨. 부탁 좀 드릴게요. 밤중에는 타자치는 것 좀 삼가시면 안 될까요? 시끄러워서 잠을 못 자겠어요."

첫 출근 날부터 당 주임은 진가흔에게 해외 본사로 보낼 문서를 작성하라고 했다. 진가흔은 서점에서 산 참고서를 책상서랍에 감추고 흘끗흘끗 훔쳐보면서 문서를 작성했다. 그러나 아니나 다를까 당 주임은 진가흔이 작성한 문서를 보며 틀린 곳을 여러 군데 지적하더니 다시 만들어오라고 했다. 그래도 평소에 영어실력을 좀 쌓아두었던 탓인지 문법이나 철자법에는 그다지 문제가 없었다.

새로 작성해 간 문서 역시 틀린 곳 투성이었다. 이번에도 당 주임은 진가흔에게 다시 작성하라고 지시했다. 얼핏 보니 당 주임의 얼굴에 불편한 심기가 그대로 드러났다.

퇴근 전, 당 주임은 진가흔을 불러 문서 하나를 보여주었다.

"이거 한 번 보고 참고해 봐요. 하지만 절대 문서를 들고 회사 밖으로 나가면 안 돼!"

문서를 받아든 진가흔은 책상 앞에 꼼짝없이 앉아 천천히 뜯어보았다. 어느새 사무실 사람들은 모두 퇴근해버렸고 배도 슬슬 고파오기 시작했다. 하지만 고픈 배를 움켜잡고 꼼짝도 하지 않았다. 만약 내일 당 주임이 문서를 다시 돌려달라고 하면 더 이상 볼 수 없기 때문이었다. 반드시 시간을 아껴 오늘 내로 모두 익혀두어야 했다.

저녁 10시 반, 마무리를 짓고 이제 퇴근하려는 무렵, 전화벨이 울렸다. 미국의 본사에서 걸려온 전화였다. 전화를 받은 진가흔이 모두 퇴근했다고 말하자 상대방은 그제야 꽤 많은 시차가 있다는 사실이 생각난 듯했다.

다음 날 출근했을 때 진가흔이 작성할 문서는 없었다. 그런데 점심시간이 되자 갑자기 당 주임이 문서 몇 개를 잃어버렸다며 진가흔에게 모두 다시 작성하라고 했다. 그것도 오후 2시까지 말이다. 진가흔은 점심까지 굶어가면서 문서를 모두 작성할 수밖에 없었다.

3일을 꼬박 연습했는데도 타자속도는 아직도 제자리걸음이었다. 거기다 급한 마음에 손이 바빠지니 오타도 늘어났다. 처음에는 오타를 꼼꼼하게 고치며 타자를 쳤지만 시간이 빠듯해지자 수정액을 사용할 수밖에 없었다. 작성해야 할 문서는 끝이 없고, 당 주임의 글씨체는 난잡해서 도대체 무슨 글자인지 알아볼 수 없는 것들이 많았다. 이제 3분의 1을 작성했을 뿐인데 시간은 이미 한 시 반이었다.

당 주임은 몇 번 나와서 문서작성이 진행되는 속도를 확인하더니 이제는 아예 옆에 서서 진가흔을 지켜보고 있었다. 긴장한 탓에 오타는 계속 늘어났다.

"됐어! 됐어!"

인내심의 한계에 부딪친 당 주임은 날카롭게 문서를 집어 들며 말했다.

"그냥 이걸로 할게요."

당주임이 뒤돌아서는 모습을 바라보며 진가흔은 생각했다.

'끝났다. 이제 잘리는 건 시간문제구나!'

하지만 이대로 쫓겨날 수는 없었다. 그날 저녁 진가흔은 당 주임에게 참고하라고 받은 문서를 또 다시 공부하기 시작했다. 저녁 아홉 시가 되고 피로에 지쳐 사무실을 막 나서려고 할 때였다. 그때까지 일이 있었는지 사무실로 들어서는 당 주임과 문 앞에서 딱 마주친 것이다.

"아직도 퇴근 안했어요?"

당 주임도 많이 놀란 듯했다.

"저녁은 먹은 거예요?"

마침 당 주임도 저녁을 먹지 않았다고 해 두 사람은 회사 맞은

편 식당으로 향했다. 회의진행이 순조롭지 않았던 탓인지 당 주임은 얼마 못 먹고 젓가락을 내려놓았다. 그리고는 술을 주문하더니 그 자리에서 혼자 홀짝홀짝 마셨다.

식당을 나선 당 주임의 발걸음이 위태로웠다. 그런데도 끝까지 진가흔을 차로 데려다 주겠다고 우겼다. 아무래도 마음이 놓이지 않았던 진가흔은 당 주임이 막 시동을 걸려던 순간 당 주임에게 말했다.

"괜찮으시면 제가 운전할까요? 술을 좀 많이 드신 것 같아서요. 그런데…."

얼굴이 벌겋게 달아오른 진가흔은 다 기어들어가는 소리로 말했다.

"사실은, 저 지금 이제 막 운전 배우기 시작했거든요. 면허증이 아직 없어요."

"당신 정말!"

당 주임이 어이없다는 듯 차문을 열며 말했다.

"내립시다! 그냥 택시나 탑시다!"

그게 벌써 20년 전의 일이다. 당 주임은 지사장이 되었고 다섯 명의 직원으로 시작한 회사는 이제 500여 명의 직원을 거느린 큰 회사로 눈부시게 발전했다.

오늘은 당 지사장의 퇴임식이다. 술 한 잔에 기분을 한껏 낸 당 지사장은 무대에 올라 환송회에 대한 답사를 했다.

"20년 동안 제가 가흔 씨의 덕을 많이 봤습니다."

그는 갑자기 진가흔에게 허리를 굽혀 인사를 했다.

"솔직히 말하면 말입니다. 가흔 씨가 첫 출근했을 때 한 며칠 동안은 정말 내쫓고 싶더군요."

당 지사장은 가볍게 미소를 지어보였다.

"첫 출근 날 딱 보니까 거래문서도 제대로 작성하지 못하는 겁니다. 당장 나가라고 하고 싶었죠. 그런데 본사 사람의 말을 들으니까 가흔 씨가 10시가 넘은 시각에도 혼자 남아서 야근하고 있다는 거예요. 아, 그래도 이 여자가 노력은 하는구나 싶어서 참고 넘어갔죠. 두 번째 날 보니까 아 글쎄 영문타자도 제대로 못 치는 겁니다. 정말 화가 나서 내쫓고 싶었는데 밤늦게까지 남아서 노력하는 걸 보고는 마음이 좀 누그러졌지요."

당 지사장은 진가흔에게 훈훈한 미소를 지어보였다.

"아, 그런데 그 다음은 운전면허증도 없다는 걸 알게 된 거예요. 면접 때 운전도 당연히 할 줄 안다고 거짓말 했던 거 생각하니 정말 그 자리에서 잘라버리고 싶더군요. 그런데 곰곰이 생각해보니 자신이 거짓말했던 사실까지 고백하면서 저의 음주운전을 막았단 말입니다. 그게 바로 성실함과 선량함 아니겠습니까?"

당 지사장은 잔을 들어 건배를 했다.

"우리 아름답고, 성실하고 착하기까지 하신 새 지사장님! 끊임없이 공부를 게을리 하지 않으시는 진가흔 지사장님을 위해 건배합시다. 20년 동안 이 분의 능력은 이미 저를 추월했지요. 하하!"

숨겨진 진실 엿보기

진가흔은 입사 초기 세 번이나 잘릴 뻔했었다. 그런데 그녀는 해고당하지도 않았고, 또 계속 근무를 해가면서 당 지사장의 최측근으로 자리를 굳혀가더니 끝내는 회사 직원 500여 명의 리더가 되었다. 물론 운이 따르기도 했을 것이다. 하지만 이러한 결과를 만들어 낸 결정적인 원동력은 그녀의 적극성과 진취성에 있었다.

자세가 그 사람의 직위를 결정하고, 태도는 성패를, 개성은 승부를 좌우한다.

소위 안목 있다는 회사 임원들은 당신이 얼마나 많이 배우고 공부했느냐를 넘어 미래에 얼마나 큰 성장 가능성을 지니고 있는가를 살펴본다. 진가흔이 면접 때 거짓말을 연달아 세 번이나 한 것은 사실이지만 그녀는 부족한 부분을 메우기 위해 부단히 노력했다. 이런 태도가 그녀의 운명을 결정지은 것이다.

도전적인 사람이 윗사람의 마음을 움직인다

우선, 회사 사장은 겁 없이 나서는 사람들을 눈여겨본다는 점을 알아야 할 것 같다. 그들은 언제나 자신의 비위를 맞추기 위해 듣기 좋은 소리만 늘어놓는 사람들에 둘러싸여 있다. 그러던 어느 날, 하고 싶은 말 다 하는 겁 없는 사람이 나타났는데 오히려 그런 사람이 중용되는 경우도 많다는 이야기다.

타이페이 시 고궁박물원에는 〈절함도折檻圖〉라는 그림이 있다. 이 그림에서 묘사하는 인물은 전한前漢 성제成帝시대, 한 작은 고을의 관리였던 주운朱雲이다. 그는 황제에게 황제의 검劍을 자신에게 하사하시면 아첨꾼 신하 한 명의 목을 당장 베어버리겠다고 상소를 올렸다. 더군다나 그가 목을 베려던 사람은 황제의 측근이자 주운 자신보다 직급이 높은 사람이었다.

이에 화가 난 황제가 신하들에게 배은망덕한 주운을 어서 죽이라고 명령했지만 주운은 이에 굽히지 않고 어전의 난간을 붙잡고 버텼다. 결국 자신을 끌어내리려던 어사를 뿌리치다가 어전의 난간이 부러졌고 주변 신하들의 간곡한 부탁으로 주운은 목숨을 건질 수 있었다.

그 일이 있은 후에 신하들이 부러진 기둥을 새 것으로 교체하려고 하자 황제가 말했다.

"됐다! 바꾸지 말거라. 내 그것을 진실한 간언을 한 충신을 기념하기 위해 남겨 놓을 것이다."

왜 황제의 태도가 순식간에 180도 바뀌어버린 것일까? 바로 주운의 간언이 그를 놀라게 했기 때문이다. 또한 주운의 간언은 악의가 아닌 충심에서부터 비롯된 것이기 때문이다. 황제의 입장에서도 자신이 충신의 따끔한 간언까지도 모두 수용하는 어진 황제라는 것을 보여줄 수 있는 좋은 기회이기도 했다.

중국 역사상 유일한 여제인 측천무후 역시 인재등용에 있어서는 도전적인 면을 높게 샀다. 당대唐代 낙빈왕駱賓王은 《위서경업토무맹격爲徐敬業討武盟檄》이라는 글을 써서 측천무후를 '악독한 계집'에 비유하며 신랄하게 비판했다. 신하들은 그동안 반대파를 무자비하게 숙청해 왔던 측전무후가 분명 화가 머리끝까지 올라 당장 낙빈왕을 제거하라는 명을 내릴 거라 생각했다. 물론 화가 많이 난 것은 사실이지만 그녀는 그 문장을 누가 썼느냐고 재상들에게 물었다고 한다. 그리고 재상들을 꾸짖으며 말했다.

"세상에 이렇게 걸출한 인재가 있는데도 그대들은 어찌하여 이런 사람을 큰 자리에 등용하지 못하고 한낱 작은 지방에 묻혀 있게 하는가?"

높은 자리에 앉아 주변사람들이 하는 온갖 아첨의 말을 듣고 사는 사람일수록, 물불 안 가리고 감히 자신에게 직언을 하는 사람에게 신선함을 느끼는 법이다. 심지어 그런 사람들을 우러러보기도 한다. 그래서 겁 없이 대들어 얼마 못 버틸 것 같은 사람이 어느 날 갑자기 윗사람의 최측근으로 등극하기도 하는 것이다.

거짓말을 현실로 만들면 더는 거짓이 아니다

회사에서 사람을 뽑을 때는 여러 가지 조건을 제시하게 마련이다. 예를 들어 어떤 회사에서 입사지원 조건을 35세 이하, 신장 170cm 이상으로 규정했다고 하자. 이 회사에 지원을 하고자 하는 당신, 있는 그대로 37세에 168cm의 신장을 기록하여 지원을 한다면 당신의 입사지원서는 따가운 눈길 속에 그대로 휴지통으로 직행할 것이다.

하지만 억지로 조건에 맞게 나이와 신장을 기입하고 면접관 앞에 서서 당신의 비범한 말투와 패기를 보여준다면, 설마 면접관이 당신에게 당장 그 자리에서 신발 벗고 키 한 번 재보자고 하겠는가. 또 신분증을 검사할 때 나이 한두 살 차이로 설마 뽑아놓은 당신을 떨어뜨리기라도 하겠는가.

실제로 이런 일들을 나는 두 번이나 봤다. 첫 번째는 신입사원 채용 현장에서 목격한 일이다. 한 사람의 능력이 매우 걸출했지만 입사 규정에 맞지 않았다. 그러자 회사 측에서는 특별채용 형식으로 인원을 늘려 그를 채용하고 말았다. 두 번째는 미인대회 때였다. 미인대회 참가자 중 군계일학이라 할 정도로 미모가 남달랐던 여성이 알고 보니 대회 주최 측이 제시한 조건에는 부합하지 않았다. 다른 참가자들은 그녀가 규정에 맞지 않는다고 비난했다. 그러자 대회 주최 측에서는 아예 선발 방법을 바꿔 그녀를 대회에 참가시켰다.

어느 조직이든 사람을 가려내는 수고를 덜기 위해 지원 조건을 내건다. 하지만 그것이 절대적인 법은 아니다. 비록 조건은 갖추지 못했지만, 조건을 갖춘 사람보다 월등한 능력을 발휘해

조직의 발전에 기여하는 경우가 수두룩하다.

대학교수를 선발할 때는 박사학위를 가진 것이 가장 첫 번째로 요구되는 조건일 것이다. 하지만 주변에서는 고학력이 아님에도 불구하고 전문성으로 승부해 교수가 된 사람들의 이야기가 심심치 않게 들려오곤 한다.

또 평소부터 입버릇처럼, '내 남편이라면 키는 못 되도 170cm는 넘어야 해', '석사 출신에 자동차는 당연히 갖고 있어야지' 하던 여성이 결혼식에 참석한 하객들을 놀라게 하기도 한다. 신랑 키가 165cm도 안 되고, 학사 출신에, 차는커녕 조그만 오토바이 하나 몰고 다니는 사람이었기 때문이다.

그런가 하면 음식점에서 '다리 두 개 달린 짐승은 절대 안 먹는다니까' 하던 사람이, 삼계탕 국물을 한 번 떠먹어 보고는 아예 삼계탕을 자기 앞에 놓고 그릇의 바닥이 보일 때까지 정신없이 먹기도 한다. 어쩌면 1인분 더 시켜달라고 할지도 모른다.

조건은 그저 일시적인 관문일 뿐이다. 교수가 실력이 있고 유능하다면, 남편이 아내를 행복하게 해준다면, 다리 두 개 달린 삼계탕이 맛있기만 하다면 애초에 내세웠던 조건 따윈 중요하지 않은 것이다.

조직은 진취적인 태도를 보이는 사람에게 힘을 실어준다

싸움이 붙기만 하면 연신 패하는 장군이 있었다. 이 장군이 상부에 올리는 보고서에 '싸울수록 패할 가능성이 높습니다' 라고 씌어진 것을 보고 문서를 담당하는 병사에게 다음과 같이 고치라고 명령했다. '패하면 패할수록 더 열심히 싸웁니다!'

자, 완전히 느낌이 다르지 않은가?

이번에 내가 직접 들은 이야기를 소개하겠다. 미국의 한 대학이 두 사람의 부주임 교수 중에서 한 사람을 뽑아 주임교수로 임명하려고 했다. 학과장은 먼저 갑에게 물었다.

"만약 당신이 주임교수가 된다면 다음 연도의 학생 수를 10% 늘릴 수 있겠습니까?"

"그건 불가능합니다. 베이비붐 세대가 대학에 입학하는 시대는 지나갔습니다. 게다가 대학들 사이의 경쟁도 이미 치열해질 대로 치열해졌고요. 학생 수가 줄지 않는 것만으로도 다행으로 생각해야죠."

갑의 말을 들은 학과장은 을에게도 똑같은 질문을 던졌다. 을은 생각할 필요도 없다는 듯 시원하게 대답했다.

"당연히 할 수 있습니다!"

과연 둘 중 누가 주임교수가 되었을 것 같은가?

당연히 을이 선택되었다.

이 이야기를 들려준 친구가 내게 말했다. 갑이 중국인이라 겸손함과 진실함을 미덕으로 여겼기 때문에 선택을 받지 못했다고 말이다. 반면에 을은 본토의 백인으로 자신을 내세우는 방법에 능통한 사람이었다.

그다음 해, 학생 수는 늘어나기는커녕 도리어 줄어들었다. 갑은 선택되지 못한 충격에 이미 학교를 떠난 뒤였다.

중국 사람들은 손님을 초대해 상다리가 휘어지게 음식을 차려놓고도 말한다. '차린 건 별로 없지만 많이 드세요' 하지만 서양 사람들은 고작 두세 가지 메인요리를 대접하면서도 그게 가장 자신 있는 요리라면서 매우 자랑스러워 한다.

사람들마다 모두 장단점이 있게 마련이다. 그런데 어떤 사람들은 겸손해야 한다며 자신의 '단점'을 주로 말하고, 어떤 사람은 자신의 '장점'을 효과적으로 전달할 줄 안다. 그런가 하면 어떤 사람은 보수적인 시각으로 최악의 경우를 먼저 내다보기도 하고, 어떤 사람은 미래를 낙관적으로 전망하기도 한다. 자신이 어떤 유형의 사람이든 그것이 옳다 그르다를 판단할 수는 없다.

하지만 이야기를 듣는 상대방의 입장에서 생각한다면 그 차이는 엄청나다.

만약 당신이 입을 열자마자 승부에는 욕심도 없고 일을 해낼 만한 자신감도 없음을 내비친다면 누가 당신을 믿어줄 수 있겠는가?

기차표가 없더라도 일단 기차를 타라

요즘 시대에는 '정확한 타이밍'을 지키는 것이 중요하다. 하지만 그보다 더욱 필요한 것은 내 자리를 '선점'할 줄 아는 센스다. 휴가 때 여행을 갈 수 있을지 없을지 확정지을 수 없는 상황에서도 일단은 비행기 좌석과 호텔은 예약을 해놓는 것이 좋다. 만약 그때 가서 정말 갈 수 없게 된다면 예약을 취소하면 된다.

과학이 발달하고 생산성이 향상될수록 일자리는 점점 줄어든다. 먹을 사람은 많은데 파이의 개수는 한정되는 것이다. 이런 시대에서 살아남으려면 일단은 차에 올라타고 그다음에 표를 끊을 줄 알아야 한다. 꼭 타야만 하는 기차가 이제 막 출발하려고 할 때 당신은 죽어라 매표소로 달려가겠는가, 아니면 바로 기차에 올라타겠는가?

정말 타지 않으면 안 되는 비행기가 조금 있으면 이륙하려고 할 때, 당신은 주차장을 찾아 차를 가지런히 세워놓겠는가, 아니면 견인되는 한이 있더라도 주변 빈 공간에 세우고 비행기를 타고야 말겠는가?

이 점을 꼭 명심하기 바란다.

당신의 자신감이 단점을 완전히 보완해줄 수 있거나 상대방이 정한 규칙을 깰 수 있을 만큼의 영향력이 있을 때에는, 일단은 차에 올라타야 한다. 먼저 기회를 잡고 실력을 보여줘도 늦지 않는다.

연기력에 있어서만큼은 타의 추종을 불허한다고 자부하는 연기자는 자신의 조건에 잘 맞지 않는 배역의 오디션이라도 무조건 참가하고 본다. 그 연기자도 자신이 이 오디션에 참가해봤자 그 배역을 따낼 수 없을 것이라는 것은 잘 알고 있다. 하지만 그렇게라도 자신의 재능을 선보여야 심사위원의 눈에 들어 다른 배역을 맡을 수 있을 것이다. 처음부터 지레 오디션 참가를 포기한다면 영원히 자신의 재능을 드러낼 수 없다.

몸집이 조그만 쥐는 소가 이미 열두 마리의 동물들 중 1등을 거머쥐려고 할 때, 소의 등 위에서 뛰어내려 결승선에 1위로 들어왔다. 그래서 결국 쥐는 12간지 중 가장 첫 번째 동물이 되었다!

세상은 당신이 준비가 다 될 때까지 기다려주지 않는다.
성공의 기차가 눈앞에 보이면, 표가 없더라도 일단 기차부터 올라타라.
표는 나중에 끊어도 늦지 않는다.
설령 중간에 쫓겨난다 해도 처음보다는 더 멀리 나아간 것 아닌가.

| 맺음말 |

어지러운 세상 속에서 나를 지키는 방법

선의善意에서 출발한 거짓은 서로 아끼고 사랑하는 사람들의 사이를 더욱 가깝게 하고, 양측의 암묵적인 동의하에 행해지는 거짓은 때때로 윈윈win-win효과를 가져오기도 한다. 이것은 내가 지금까지 《사랑에도 거짓이 필요하다愛不厭詐》와 《마음에 새기는 처세의 기술點滴在心的處世藝術》 등 처세에 관한 책들을 집필해오면서 직접 느끼고 확신하게 된 일이다. 내가 처세에 관한 어떤 책을 쓰든 가장 중요한 것은 그 출발점이 절대 부정적이지 않다는 점이다. 조금은 불편하고 신랄한 비판의 이면에는 언제나 '인정人情'을 기본으로 담아내는 것이 맞다고 본다.

《속으면서 속는 줄 모르는, 당하면서 당하는 줄 모르는》 역시 마찬가지다. 이 책을 읽은 독자들이 더 이상 속거나 당하지 않기를 바라는 것이 이 책을 쓴 가장 큰 목적이다. 교활한 직원의 횡령을 방지하고, 사람들에게 괜한 오해를 사지 않도록 하고, 기밀이 새어나가는 것을 막고, 골동품을 빙자한 사기에 속지 않도록 하고, 신입사원이 선배들 앞에서 어떻게 행동해야 하는지에 대해서 다양한 일화를 들어 설명했다. 심지어 모임 중간에 자리를 뜨는 법, 문서 처리법, 자리 바꾸는 법, 편지봉투를 작성하는 아주 작은 기술까지 모두 설명했다.

물론 책 내용 중 독자들의 간담을 서늘하게 하거나 곱씹을수록 씁쓸한 이야기도 있을 것이다. 정치인들이 어떻게 무고한 사람에게 죄를 뒤집어씌우는지, 산업스파이는 어떻게 정보를 빼내는지, 중간에 낀 사람들이 커미션을 챙기는 방법하며 정당, 회사 등이 적에서 동지로 바뀔 때의 상황 등…, 이런 이야기를 읽으며 기분이 좋을 리는 없다. 하지만 궁극적으로 내가 말하고자 하는 것은 바로 '행동에도 일정한 규범이 있어야 하고, 직업윤리를 무시해서는 안 된다', '자신이 한 발 물러설 수 있는 여지는 항상 남겨놓아야 한다', '잘못이 없어야 언제나 당당할 수 있다'는 것이다.

이 책에는 사람을 속이는 여러 사례들이 나온다. 사람들의 간교함에 어느 정도 장단은 맞출 줄 알아야 한다고도 했다. 주변 사람들이 모두 검을 때 혼자서 굳이 하얀색일 필요는 없다는 게 내 지론이다. 겉으로는 동조하는 척하면서도 속으로는 결코 자기 중심을 잃지 않는 것이 바로 어지러운 세상 속에서 나를 지키고 높은 이상을 이루는 한 방법이라고 생각한다. 그렇지 않으면 이 세상에서 살아남을 수 있을지도 불투명할 텐데 어떻게 세상을 바꿀 수 있단 말인가?

우리가 살고 있는 세상은 이제 지구촌이라는 말이 전혀 낯설지 않을 만큼 가까워졌다. 그리고 이와 동시에 이익을 가운데 두고 벌이는 많은 분쟁과 다툼으로 갈수록 복잡해지고 있기도 하다.

이렇듯 어지러운 세상은 언제나 우리를 똑바른 길이 아닌 구불구불한 길을 가게 하지만 그럼에도 불구하고 우리는 바로 그 세상을 간파하고 스스로를 지켜냄으로써 꾸준히 자신의 이상과 목표를 향해 전진할 수 있다. 그리하여 이 세상에 당당히 발딛고 서서 갖는 희망으로, 전쟁이 발발한다면 그것이 전쟁을 종식시키기 위해 발발한 것이기를 바라고, 또 거짓이 있다면 그것은 거짓을 완전히 없애기 위해 생겨난 선의善意의 것이기를 바란다.

속으면서 속는 줄 모르는
당하면서 당하는 줄 모르는

지은이 | 유용(劉墉)
옮긴이 | 차미연
펴낸이 | 김경태
펴낸곳 | 한국경제신문 한경BP
등록 | 제 2-315(1967. 5. 15)

제1판 1쇄 인쇄 | 2009년 10월 10일
제1판 1쇄 발행 | 2009년 10월 15일

주소 | 서울특별시 중구 중림동 441
홈페이지 | http://www.hankyungbp.com
전자우편 | bp@hankyung.com
기획출판팀 | 3604-553~6
영업마케팅팀 | 3604-561~2, 595   FAX | 3604-599

ISBN 978-89-475-2724-8   03320
값 11,800원

파본이나 잘못된 책은 바꿔 드립니다.